Competencias digitales básicas

IDEASPROPIAS
editorial

Autor

Carlos Parada Gandos (A Coruña, 1966) es diplomado en Informática por la Universidad de A Coruña y tiene un posgrado en Experto profesional en e-learning 2.0: educación por Internet y formación on-line. Además, cuenta con formación complementaria en innovación educativa y metodologías didácticas. Su actividad profesional combina la consultoría en empresas con la formación.

Ha ayudado a empresas del ámbito de las comunicaciones, del sector químico e industrial, alimentario, formativo y educativo en la implantación de soluciones de e-learning adaptadas a sus necesidades. También es docente, formador de personas formadoras y autor de contenidos TIC para entidades de ámbito universitario y educativo.

Competencias digitales básicas

1.ª edición
Ideaspropias Editorial, Vigo, 2024
ISBN: 978-84-9839-654-6
Formato: 17 cm × 24 cm
Páginas: 262

COMPETENCIAS DIGITALES BÁSICAS.

ISBN: 978-84-9839-654-6
Depósito legal: VG 151-2024
Autor: Carlos Parada Gandos
Impreso en España - Printed in Spain

Ideaspropias Editorial ha incorporado en la elaboración de este material didáctico citas y referencias de obras divulgadas y ha cumplido todos los requisitos establecidos por la Ley de Propiedad Intelectual. Por los posibles errores y omisiones, se excusa previamente y está dispuesta a introducir las correcciones pertinentes en próximas ediciones y reimpresiones.

ÍNDICE

INTRODUCCIÓN

Adquirir las competencias digitales básicas que permitan aprovechar las posibilidades de las tecnologías digitales es el objetivo principal de este manual formativo publicado por Ideaspropias Editorial[1]. Para alcanzarlo, estudiarás, en las siguientes unidades didácticas, el uso básico del sistema operativo, la gestión de la información, el uso de la comunicación digital, la creación de contenido, la configuración de la seguridad informática y la resolución de problemas del sistema operativo.

Comenzarás conociendo el *software* que permite que tu dispositivo (ordenador de sobremesa, portátil, tablet o móvil) aproveche todas las posibilidades del *hardware* y, sobre todo, aprenderás a operar con las principales utilidades que este te ofrece. Además, analizarás con detalle una de las principales herramientas del sistema operativo: el explorador de archivos, base para tener todos tus archivos accesibles y ordenados en carpetas.

En la segunda unidad didáctica, descubrirás cómo acceder a los recursos de Internet mediante el uso de los principales navegadores, te familiarizarás con los conceptos básicos y aprenderás algunas técnicas para aprovechar la potencialidad de los principales motores de búsqueda.

Continuarás tu aprendizaje conociendo las herramientas de comunicación digital habituales en tu día a día: el correo electrónico y la videoconferencia. Además, estudiarás un nuevo concepto: la identidad digital, que te ayudará a tener una presencia cuidada en la Red.

En los contenidos de la cuarta unidad didáctica aprenderás a crear documentos utilizando un procesador de texto y un programa de presentaciones, a conocer los distintos ajustes de formato, características y los tipos de licencia con las que puedes publicar tus contenidos.

Es importante que conozcas los riesgos, las medidas de prevención y las aplicaciones que te ayudarán a tener la información de tu ordenador y de tu móvil protegidas. En esto se centrará la quinta unidad didáctica de este libro.

---

[1] El contenido está actualizado a fecha de publicación de este libro.

Por último, conocerás cómo realizar algunas tareas básicas de mantenimiento para mantener al día tus dispositivos.

¡Comienza tu aventura formativa!

ICONOS

En las unidades didácticas de este manual se incluyen recuadros destacados que refuerzan la explicación teórica y te ayudarán a fijar conocimientos y asimilar conceptos. Con estos recursos categorizados, completarás tu proceso de aprendizaje. De este modo, has de prestar atención a los siguientes resaltes:

Ejemplo

Importante

Actividad

Consulta

Sabías que

Recuerda

Competencias digitales básicas

1 Uso básico del sistema operativo

Objetivos

- Descubrir que todos los dispositivos TIC tienen asociado un sistema operativo que posibilita que puedas trabajar con ellos.
- Conocer las principales funciones del sistema operativo y las distintas capas que lo componen.
- Descubrir los distintos sistemas operativos y dispositivos actuales del mercado.
- Conocer las posibilidades de tener varios perfiles de entrada en tus dispositivos.
- Aplicar las distintas opciones de apagado de tus dispositivos y lo que ello implica.
- Conocer los programas básicos, de utilidad, que aporta tu sistema operativo.
- Construir estructuras de carpetas y realizar operaciones básicas de gestión con ellas.
- Manejar archivos dentro de la estructura de carpetas de tus memorias de almacenamiento.

Contenidos

1. Uso básico del sistema operativo
   1.1. Diferentes versiones y sistemas operativos disponibles
   1.2. Inicio, apagado e hibernación
   1.3. Programas básicos (navegador, explorador de archivos, visor de imágenes, etc.)
   1.4. La gestión de archivos y carpetas

1.1. Diferentes versiones y sistemas operativos disponibles

En 1981 IBM comercializó un ordenador destinado al ámbito profesional y doméstico, al que denominó «PC» (*personal computer*, ordenador personal). Es cuando estos comienzan a ser parte de la vida profesional y personal de manera habitual y bajo distintas formas y formatos que han ido evolucionando hasta nuestros días.

1981 marca un hito en el uso de la tecnología, ya que es a partir de ese momento cuando los sistemas de información, restringidos a grandes corporaciones, se acercan al usuario profesional y personal. Es ahí cuando la sociedad comienza a familiarizarse con conceptos como hardware, software, lenguaje de programación o sistema operativo.

- **Hardware:** conjunto de componentes físicos o tangibles de un sistema informático o dispositivo electrónico.

- **Software:** conjunto de instrucciones y reglas agrupadas, habitualmente, en unidades funcionales denominadas «programas» o «aplicaciones informáticas». El software se puede clasificar en dos grandes grupos o bloques:

  - **De aplicación:** programas que resuelven o facilitan la resolución de un problema para las personas, por ejemplo, las aplicaciones ofimáticas.

  - **De base:** que interacciona de forma directa con los componentes hardware del dispositivo informático. Este software no es un único componente, sino que es un conjunto de pequeñas aplicaciones que, de forma conjunta, reciben la denominación de «sistema operativo».

- **Lenguaje de programación:** es un conjunto de reglas y estructuras que facilita el desarrollo de software para controlar el comportamiento de un dispositivo o equipo informático. Los lenguajes de programación se utilizan para crear una amplia variedad de aplicaciones, desde programas de procesamiento de texto y videojuegos hasta aplicaciones web y sistemas operativos. Cada lenguaje de programación tiene su propia sintaxis y semántica. Quienes programan utilizan estos lenguajes para escribir código fuente, que luego se traduce a lenguaje de máquina para que los ordenadores o dispositivos electrónicos lo ejecuten.

Los componentes hardware de un ordenador están compuestos por **circuitos digitales que solo interpretan lógica binaria.** Es decir, representan distintos estados a partir de 0 y 1, lo que en la práctica se convierte en presencia o ausencia de tensión. Combinaciones de estas dos situaciones permiten al hardware realizar las operaciones que se le requieren. Proporcionar instrucciones al hardware mediante 0 y 1 es lo que se conoce como «**código máquina».** La forma de programar ha evolucionado y actualmente existen muchos lenguajes que facilitan al personal técnico el desarrollo de programas y *app.*

Ejemplos de hardware son la CPU, el teclado, el disco duro y otros sistemas periféricos.

Ejemplos de software son los procesadores de textos, navegadores web o programas de diseño.

Ejemplos de lenguajes de programación son C++, Java o Python.

Existe otro concepto relevante ya introducido: **sistema operativo.**

El **sistema operativo** es un tipo especial de software que actúa de intermediario entre las personas usuarias y aplicaciones que utilizan el hardware del dispositivo.

Entre otras **funciones,** el sistema operativo se encarga de:

- Controlar que todas las aplicaciones que se ejecutan en el dispositivo interactúan con el hardware de forma adecuada.

- Gestionar que todos los componentes hardware del dispositivo funcionan de forma sincronizada y responden adecuadamente a los requerimientos de las aplicaciones.

- Iniciar, mantener y terminar la ejecución de las aplicaciones que se ponen en marcha.

- Mantener la seguridad del dispositivo, garantizando que no se realizan operaciones inadecuadas o que puedan dañarlo.

- Organizar los archivos que se almacenan en los dispositivos de almacenamiento asociados.

- Posibilitar que aplicaciones o programas de distintos fabricantes puedan trabajar con el mismo hardware.

Ejemplos de sistema operativo son Microsoft Windows, MacOS, Android o Linux.

De manera general, para que realicen todas estas funciones, los sistemas operativos se estructuran o diseñan por **capas.** Cada una de ellas es responsable de una función o conjunto de funciones concretas. Las capas posibilitan la abstracción de los componentes físicos al tiempo que facilitan el diseño de aplicaciones y servicios sobre los sistemas operativos.

Aunque puede haber diferencias según el dispositivo final sobre el que se ejecute el sistema operativo, las **capas principales** de un sistema operativo son:

• **Núcleo:** es la parte que interacciona directamente con el hardware del dispositivo. Por lo tanto, presta funciones y atiende a los requerimientos de los procesos que quieren acceder a la memoria, a los archivos y a cualquier parte hardware de tu dispositivo. Además, se ocupa de gestionar todas las tareas que se están ejecutando en el dispositivo.

• **Administrador de memoria:** cualquier software que se ejecute en tu dispositivo o cualquier archivo sobre el que trabajes, lo hace sobre la memoria de tu dispositivo (sobre la memoria RAM). Esta capa se encarga de gestionar el uso adecuado de la memoria, asignando espacios según las necesidades de cada tarea, controlando que no haya interferencias entre estas y liberando los espacios de memoria que ya no se necesitan.

• **Gestión de E/S:** capa destinada a administrar las peticiones de escritura y lectura de la información que tienes almacenada en los dispositivos de almacenamiento, tanto internos como externos. Actúa de forma muy cercana al dispositivo y no trabaja con archivos, sino con bloques de información.

• **Sistema de archivos:** se apoya sobre la capa anterior, facilitando el proceso de gestión de archivos.

• **Interfaz de usuario:** capa con la que interacciona la persona usuaria del dispositivo. Normalmente se trata de una interfaz gráfica sobre la que se interacciona y que se encarga de comunicarse con las capas anteriores con objeto de ejecutar las tareas demandadas.

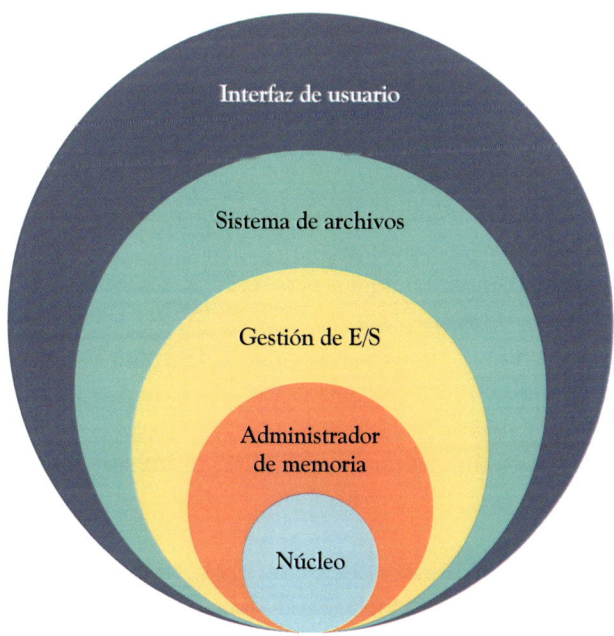

Un sistema operativo se estructura en capas que hacen que su trabajo interno y externo se realice de forma efectiva y transparente para el usuario final, esa última capa de abstracción te permite interaccionar con tu equipo mediante una interfaz gráfica o una línea de comandos.

Para comprobar que cualquier sistema operativo se basa en los mismos principios de abstracción de capas, busca información en Internet sobre los componentes o capas de un sistema operativo para dispositivos móviles. Compara las capas que te hayan resultado de tu búsqueda con las que has estudiado. Trata de representarlas en un esquema que comparta las comunes y se muestren las específicas del dispositivo que hayas buscado en Internet.

Existe una gran **clasificación de los sistemas operativos:**

- **Propietario:** desarrollado por empresas privadas que venden o licencian estos productos. Un sistema operativo propietario es aquel que adquieres.

- **Libre:** suelen ser sistemas de código abierto, es decir, está disponible su código fuente (conjunto de instrucciones de todos sus componentes) para ser utilizado y modificado por cualquier persona.

Las **diferentes versiones y sistemas operativos disponibles** son:

- **Windows:** sistema operativo propietario de Microsoft. Adquieres una licencia de uso asociada a un dispositivo. Windows es un sistema multitarea cuya versión más actualizada es Windows 11.

- **Linux:** sistema operativo libre y de código abierto, es decir, todo su código fuente (conjunto de instrucciones de todos sus componentes) puede ser utilizado, además de modificado, según los intereses de los usuarios. Este sistema multitarea es distribuido bajo una licencia GPL (*general public license*, licencia pública general) combinado con otras licencias libres.

Tomando Linux como base, algunas empresas lo complementan y ofrecen sistemas operativos con más funcionalidades, conocidas como «distribuciones», por ejemplo, Debian, Ubuntu o Fedora.

- **Android:** es uno de los principales sistemas operativos para dispositivos móviles basado en el núcleo de Linux y otro software de código abierto. Fue desarrollado inicialmente por Android Inc., empresa adquirida por Google en el 2005.

Cuando adquieres un dispositivo móvil con sistema operativo Android, normalmente el fabricante le añade una capa de funcionalidades extra que lo dotan de nuevas funcionalidades y de diferente aspecto. Por este motivo, teléfonos o tablets de diferentes fabricantes y con el mismo sistema operativo pueden presentar aspectos visuales diferentes.

- **iOS:** sistema operativo móvil propiedad de Apple Inc. Es un sistema operativo propietario y exclusivo de los dispositivos fabricados por Apple Inc. Para sus equipos portátiles y de escritorio, esta empresa utiliza un sistema operativo propietario denominado «MacOS». A diferencia de Android, iOS no acepta licenciamientos a terceros ni tiene acuerdos con otros fabricantes.

1.2. Inicio, apagado e hibernación

El **inicio,** el **apagado** y la **hibernación** son tres funciones básicas del sistema operativo que permiten controlar el estado de los dispositivos.

Para **encender un dispositivo,** debes presionar, normalmente, el botón de encendido. Si trabajas con un ordenador de sobremesa, este suele estar en la CPU (*central processing unit,* unidad central de proceso). Después de presionar ese botón, el dispositivo realizará una secuencia de arranque, donde el sistema operativo se carga en la memoria y estará listo para su uso.

El botón de encendido pone en marcha un software con una única misión: «despertar» al sistema operativo y cargarlo en la **memoria RAM** (*random-access memory,* memoria de acceso aleatorio) de tu dispositivo. Este software se encuentra en una **memoria ROM** (*read only memory,* memoria de solo lectura) y ejecuta los procedimientos para iniciar el hardware y cargar el sistema operativo. Este software recibe el nombre de *«firmware».*

El **firmware** es un tipo de software que suele encargarse de las tareas críticas del funcionamiento del hardware como son el inicio, la configuración y el control de dispositivos.

El **procedimiento de arranque o inicio de los ordenadores personales** está estandarizado. El software que inicia se denomina «BIOS» (*basic input output system*, sistema básico de entrada y salida).

En función del fabricante, la tecla de acceso a la BIOS puede ser **Del, Supr, F12, Esc, F10,** etc.

Cuando se carga el sistema operativo casi todo ocurre en segundo plano, pero este es el proceso de inicio o encendido de un ordenador con un sistema operativo Windows.

1.ª fase. La BIOS comprueba que hay un registro de arranque válido y carga un proceso que se denomina «**Administrador de arranque de Windows**».

2.ª fase. El Administrador de arranque de Windows comprueba si en el dispositivo está instalado uno o varios sistemas operativos. Si solo hay uno, lo arranca; si hay más de uno, se presenta un menú en pantalla para que el usuario seleccione el sistema operativo que se ejecutará en su equipo.

3.ª fase. Se ejecuta el proceso **WinLoad.exe** encargado de cargar los controladores básicos para poder cargar el kernel del sistema operativo.

4.ª fase. Una vez el kernel toma el control, carga los restantes controladores y otros elementos necesarios para un correcto funcionamiento del dispositivo. Además, carga la interfaz gráfica del sistema operativo. Por último, muestra la pantalla de **Inicio de sesión** para que puedas introducir tus credenciales de acceso.

¿Conoces el término «kernel»? Ve a la sección «Glosario», al final de este libro, y consulta su definición.

Cuando aparece la pantalla de bienvenida de un sistema operativo Windows, esta solicita las credenciales de acceso de la persona que va a acceder. Si tu dispositivo es compartido por distintas personas, aparecerán en la pantalla las cuentas disponibles a las que se podrá acceder con una contraseña u otro método de identificación (huella digital, contraseña basada en imagen, etc.). Cada vez que inicias sesión con tu usuario, se carga tu espacio de trabajo con tus archivos personales, el acceso a los programas a los que tienes permiso y los pequeños ajustes personales de configuración.

Si **compartes tu dispositivo** con otras personas, tener varios usuarios en el mismo equipo tiene las siguientes ventajas:

- Cada usuario tiene un espacio propio en el equipo, tiene sus archivos separados del resto de las personas que usan el mismo equipo. Si además tienen una contraseña de acceso, su actividad está protegida.

- El acceso a servicios, otros dispositivos, etc., queda registrado de manera diferenciada para cada uno de los usuarios.

- A la hora de instalar un determinado software se puede indicar quién va a tener acceso a él.

- Se pueden configurar permisos de acceso a datos y servicios para cada uno de los usuarios.

- Tener otros perfiles de acceso en el mismo equipo posibilita la recuperación de datos en caso de que el usuario de acceso habitual se corrompa.

Para **apagar tu dispositivo** con Windows, este y todos los sistemas operativos realizan una serie de operaciones que tienen como misión apagar los componentes del equipo que necesitan ser desconectados, de manera que no se pierda ninguna información de importancia y todo quede en disposición de ser iniciado de nuevo cuando lo necesites. Así, entre otras **operaciones** que se llevan a cabo, se pueden destacar las siguientes:

- **Aplicaciones abiertas con documentos o archivos que no hayan sido guardados:** genera un aviso del sistema operativo. Si no lo guardas, el trabajo realizado después del último guardado, se perderá.

- **Tareas en marcha que no puedan o deban interrumpirse hasta finalizar el proceso completo:** el procedimiento de apagado se interrumpe de forma momentánea hasta que el proceso finalice.

Asimismo, en la mayoría de los sistemas operativos, puedes **proceder al apagado** de las siguientes maneras:

- **Apagado completo:** se cierran todos los programas y se apaga la computadora.

- **Reinicio:** similar al apagado, pero el dispositivo se enciende de inmediato.

- **Suspensión:** el dispositivo entra en un estado de bajo consumo de energía, pero no se apaga por completo. Se reanuda rápidamente cuando lo necesitas. Es un tipo de apagado del equipo que recuerda las aplicaciones y documentos abiertos, de manera que, al reactivarlo, el escritorio, aplicaciones y archivos con los que estuvieses trabajando aparecen en la misma situación. Está pensado para interrumpir momentáneamente la sesión de trabajo y volver ella sin perder excesivo tiempo.

- **Hibernación:** el dispositivo guarda el estado actual en el disco duro y se apaga. Al encenderlo nuevamente, restaura el estado anterior.

La hibernación y suspensión no son sinónimos. Ambas funciones ahorran energía, pero lo hacen de formas diferentes. En ambas se guarda una imagen de las aplicaciones y documentos en uso, pero en la hibernación el dispositivo se apaga completamente, mientras que con la suspensión el dispositivo sigue encendido consumiendo muy poca energía.

1.3. Programas básicos (navegador, explorador de archivos, visor de imágenes, etc.)

Cuando utilizas cualquier dispositivo, es esencial conocer y utilizar algunos **programas básicos** que te permitirán realizar tareas de manera eficiente. Entre el conjunto de programas de un sistema operativo están desde programas de dibujo y edición de imágenes hasta pequeñas aplicaciones de escritura o el ajuste del aspecto de la interfaz de usuario.

Todos los sistemas operativos, independientemente del dispositivo al que están asociados, instalan un navegador que permite acceder a Internet.

Un **navegador web** es una herramienta esencial que te permite acceder a Internet y explorar páginas web.

Con un navegador, puedes buscar información *online*, enviar correos electrónicos, acceder a redes sociales y hacer muchas otras actividades.

En el caso del sistema operativo Windows, el navegador es **Microsoft Edge.** En iOS, el navegador asociado es **Safari** y en los dispositivos Android, **Google Chrome.** Otro navegador muy empleado en la actualidad es **Mozilla Firefox.**

Todos los navegadores traen por defecto una dirección de inicio; es decir, cuando los abres, la información que aparece por defecto es la que se ha indicado en su configuración. Puede que simplemente muestre la dirección del buscador

Google en espera para introducir tus términos de búsqueda o que muestre una portada personalizada, como la siguiente imagen donde se muestra un grupo de aplicaciones a las que accedes con frecuencia y otra información de interés.

Tomando como base el navegador Google Chrome, estos son los **componentes principales** que te puedes encontrar en cualquier navegador que utilices:

1. **Pestañas:** en cada una de las pestañas puedes tener distintas búsquedas o distinto contenido. Puedes abrir una pestaña nueva haciendo clic en el signo **+** o cerrar una solapa en la **×** que se encuentra en su extremo derecho.

2. **Caja de búsqueda:** espacio para introducir los términos de búsqueda asociados a la temática de tu interés.

3. En este ejemplo, uno de los elementos de la portada es una **caja de búsqueda** asociada al buscador Google.

4. **Zona de complementos:** funcionalidades añadidas al navegador por parte de aplicaciones de terceros u ofrecidas por el desarrollador de este.

5. Acceso a las **opciones de configuración** del navegador.

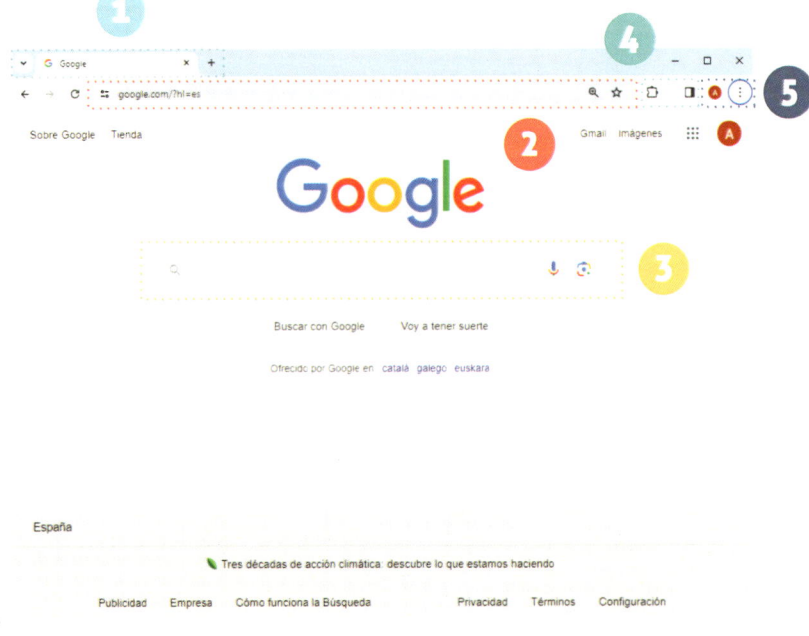

El **explorador de archivos** es una de las herramientas fundamentales del sistema operativo, ya que te permite gestionar y organizar los archivos y carpetas de tu equipo.

En iOS, el equivalente al **Explorador de archivos** de Windows es la aplicación **Archivos**, que te permite navegar por los archivos y carpetas de tu dispositivo iOS, así como acceder a los archivos que tienes almacenados en la nube.

La **nube** es el espacio virtual donde los usuarios pueden almacenar sus archivos y datos y acceder a ellos desde cualquier lugar y momento.

En la siguiente imagen, verás con detalle las **principales funcionalidades del explorador de archivos:**

1. **Panel de navegación:** permite acceder a los espacios principales de tu equipo, en cuanto a la organización de archivos y carpetas. Por ejemplo, desde aquí podrás acceder a la carpeta imágenes o a la de descargas. También presenta todos los dispositivos de almacenamiento conectados a tu dispositivo. Puedes navegar por esta estructura desplegando el contenido de cada componente.

2. **Vista de contenido:** según tu selección en el panel de navegación, aquí se mostrará su contenido. Puede ser el de un disco duro o una carpeta concreta, según hayas navegado por la estructura.

3. **Cinta de opciones:** espacio donde están presentes las opciones de trabajo con los archivos de las memorias de almacenamiento, tanto internas como externas.

4. **Posición o camino:** indica tu situación en la estructura de dispositivos y espacios.

5. **Caja de búsqueda:** ahí localizas archivos dentro de la posición actual en la estructura de dispositivos y espacios.

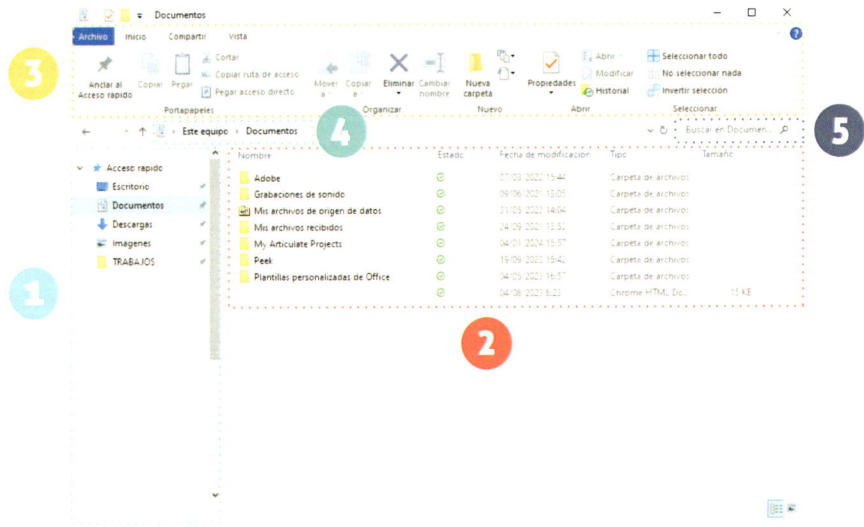

La funcionalidad principal de un **visor de imágenes** es mostrar las imágenes digitales guardadas en tu dispositivo o de forma remota.

El visor de imágenes de las últimas versiones de Windows se denomina «**Fotos**» y está instalada por defecto. A medida que esta utilidad del sistema operativo ha ido evolucionando ha incorporado nuevas funciones como, por ejemplo, la edición de fotos, el ajuste de color, la exposición o los filtros.

Esta son las **funciones básicas** de **Fotos**:

1. **Operaciones básicas con la imagen:** rotar una imagen, eliminarla, marcarla como favorita para acceder a ella rápidamente, rotarla u obtener información del tamaño, fecha de creación, modificación o dónde se ubica son el conjunto de operaciones básicas que puedes realizar con cada imagen visualizada.

2. **Funcionalidades relacionadas con la creación y edición:** desde realizar ediciones sencillas, como aplicar un filtro o recortar parte de la imagen, hasta dibujar a mano alzada o establecer las opciones de guardado.

3. **Operaciones adicionales con el archivo de la imagen:** crear un vídeo, guardar la imagen, imprimirla, cambiar su tamaño o compartirla son operaciones adicionales a las que puedes acceder desde esta opción de la aplicación **Fotos**.

4. **Zoom:** reducir o ampliar el tamaño para visualizar con detalle una imagen.

A medida que han ido evolucionando, los sistemas operativos han ido añadiendo al software necesario para el funcionamiento correcto del dispositivo, programas complementarios y aplicaciones que facilitan ciertas tareas.

Además de estos, los sistemas operativos suelen incorporar software de prueba. Teniendo en cuenta esto, los **tipos de software** habitual en Windows son los accesorios propios de Windows y las herramientas de productividad.

• **Accesorios:** conjunto de programas básicos incorporados en el sistema operativo que puedes encontrar bajo el agrupamiento **Accesorios de Windows**. Dentro de esta categoría, destacan:

- **Bloc de notas:** editor sencillo que permite a los usuarios crear y editar documentos de texto. Es una herramienta útil para crear notas rápidas.

Microsoft anunció el 4 de septiembre de 2023 que WordPad, editor de texto simple que permitía a los usuarios crear documentos con un formato básico, sería eliminado en las actualizaciones de Windows. El motivo es que Microsoft Word se convirtió, con el tiempo, en el editor de texto de referencia de Windows.

- **Paint:** a pesar de que desde Windows 10 ya no es una aplicación predeterminada de Windows, esta herramienta de dibujo básica es una de las más utilizadas y reconocidas. Además, en sus últimas actualizaciones incluye nuevas funciones y características como, por ejemplo, la capacidad de dibujar en 3D.

- **Calculadora:** esta calculadora estándar permite a los usuarios realizar cálculos matemáticos básicos y avanzados.

- **Recortes:** esta aplicación permite a los usuarios realizar capturas de su pantalla. Es una herramienta útil para capturar información de la pantalla como, por ejemplo, documentos o páginas web. Puedes guardar esos recortes como imagen.

• **Productividad:** la herramienta de productividad por excelencia en Windows es Microsoft Office. Esta suite ofimática no está instalada por defecto con este sistema operativo. Sin embargo, desde Windows 11 se puede instalar gratuitamente desde Microsoft Store o comprar una suscripción a Microsoft 365, que incluye el acceso a Office y a otras aplicaciones o herramientas de productividad.

Microsoft 365 está conformada por un conjunto de aplicaciones que te permiten trabajar con documentos e información en distintos formatos y organización. Las principales aplicaciones de este programa son:

- **Word:** procesador avanzado de textos que permite crear y editar documentos.

- **Excel:** aplicación para el tratamiento de información, principalmente de tipo numérica y organizada en forma de tablas. Además, permite su representación en forma de gráficas y el tratamiento de las tablas de datos con operaciones complejas.

- **PowerPoint:** herramienta de creación y diseño de presentaciones.

- **Access:** gestor de bases de datos que permite almacenar, consultar y elaborar informes a partir de la información organizada en forma de tablas.

Todos los programas instalados en tu equipo están disponibles a partir del botón **Inicio** de Windows:

1. Por **orden alfabético,** así se muestran los programas instalados en tu equipo, para que su localización te sea más fácil.

2. Para facilitar la **organización y localización del software,** algunas instalaciones generan una carpeta que contiene todas las utilidades relacionadas con esa instalación.

3. **Software** que puedes ejecutar de forma directa.

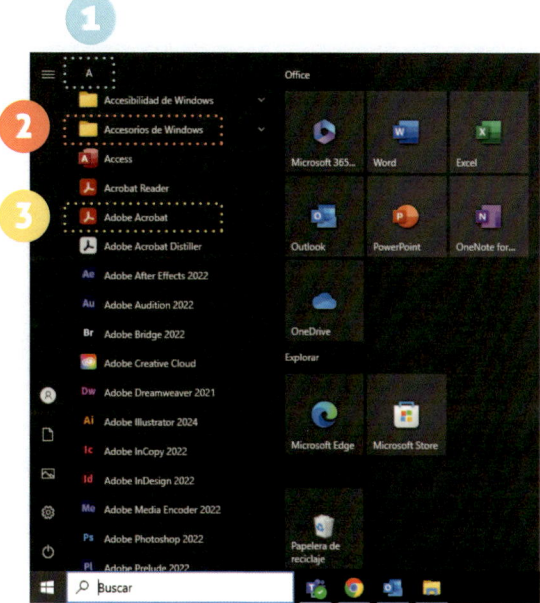

Aunque tengas distintos programas en el escritorio de tu equipo o anclados en la barra de tareas, también aparecerán aquí listados. Dentro de tu equipo puedes encontrar **agrupamientos de software,** es decir, contenedores de los programas que forman parte del mismo paquete o agrupamientos que el sistema operativo realiza de software perteneciente a la misma categoría.

En esta imagen, puedes ver el **Accesorios de Windows**, un agrupamiento que viene por defecto en ese sistema operativo. Este contiene un conjunto de utilidades y pequeñas herramientas de configuración.

Puede que en tu equipo no encuentres este agrupamiento. Aun así, las aplicaciones estarán instaladas igualmente y podrás localizarlas por orden alfabético.

Para **ejecutar los programas** que estén instalados en un equipo, se pueden localizar y actuar de distintas formas:

- Si se encuentra en una carpeta de la **lista alfabética de programas,** tienes que abrir la carpeta pulsando en su nombre y pulsar sobre el nombre de la aplicación o icono.

- Si está listado de forma directa en la persiana de aplicaciones que se abre al pulsar en el botón de Inicio, deberás pulsar directamente sobre el nombre o icono que lo representa.

- Si está anclado en la barra de tareas, pulsa sobre el icono que representa al programa.

- Si es un icono en el escritorio, haz doble clic o pulsa sobre este para ejecutar el programa.

1.4. La gestión de archivos y carpetas

En las acciones cotidianas, generamos un archivo cada vez que hacemos una foto con el móvil, manejamos un calendario con la planificación de trabajo, creamos una nota con la lista de la compra o generamos una factura por nuestros servicios. Ante tal cantidad de archivos, es necesario gestionarlos y organizarlos adecuadamente en los dispositivos que utilicemos.

Un **archivo** es una unidad de información que se guarda en un dispositivo de almacenamiento. Los archivos pueden contener texto, imágenes, audio, vídeo u otros tipos de datos.

Cualquier archivo que generes en un dispositivo, se puede **almacenar** en:

- Una memoria física (integrada) en el dispositivo con el que has creado el archivo. Por ejemplo, disco duro de un PC.

- Una memoria física auxiliar. Por ejemplo, disco duro externo o memoria USB.

- La nube. Como ejemplo de este tipo de almacenamiento destacan Google Drive o Dropbox.

En Windows, el encargado de ocuparse de la **gestión de archivos** es la aplicación **Explorador de archivos**, cuya función principal es permitir a los usuarios organizar y gestionar los archivos y carpetas de su dispositivo.

Encontrarás la aplicación **Explorador de archivos** anclada en tu barra de tareas. Si no está allí, recuerda que puedes buscarla en el icono o botón de **Inicio de Windows**.

En el sistema operativo **MacOS,** la aplicación que se ocupa de la gestión del sistema de archivos es la denominada «**Archivos»,** mientras que, en **Android,** dependerá de la capa que el fabricante del dispositivo le haya añadido al sistema operativo. Normalmente también se denominará «**Archivo»,** aunque puede tener otros nombres.

En un sistema operativo Windows, la aplicación **Explorador de archivos** te permite realizar las siguientes **tareas:**

- Examinar la estructura de almacenamiento del dispositivo.

- Preparar la estructura para la gestión de archivos.

- Crear elementos organizativos (carpetas) para una mejor gestión de tus archivos.

- Copiar archivos de un dispositivo a otro o realizar la copia dentro del mismo dispositivo en espacios diferentes.

- Mover archivos de un dispositivo a otro o dentro del mismo dispositivo.

- Eliminar archivos.

Si tienes a tu alcance dos tipos de dispositivos (un ordenador portátil o de sobremesa y un móvil, por ejemplo) busca y ejecuta los programas que te permiten examinar el almacenamiento de cada uno de ellos e intenta encontrar similitudes y diferencias a la hora de presentar la información.

En tu análisis, reflexiona sobre las siguientes cuestiones:

- ¿Puedes hacer las mismas operaciones desde ambos tipos de dispositivos?

- ¿Se presenta el mismo tipo de información y de la misma forma en ambos?

- ¿Crees que es la misma filosofía de trabajo en un dispositivo que en otro?

- ¿Cuál te parece mejor enfoque en relación con las funciones principales de la aplicación?

Cada creación que hagas a través de un programa o aplicación es un archivo. En función del programa, puede recibir un nombre especifico o descriptivo, pero es un archivo que se caracteriza, principalmente, por dos **elementos:**

• **Nombre:** nombrar un archivo para que sea inequívoco respecto a su contenido ayudará a la hora de localizar y de diseñar una operativa de gestión adecuada.

Las normas que regulan los nombres de los archivos vienen determinadas por cada sistema operativo, aunque prácticamente todas coinciden en lo esencial: pueden tener una longitud máxima de 255 caracteres.

Además, para nombrar un archivo no debes emplear algunos caracteres como, por ejemplo, las comillas dobles ("), comillas simples ('), barra inclinada inversa (/) y dos puntos (:). Aunque lo permite, tampoco es recomendable utilizar el punto (.) en el nombre del archivo, ya que puede dar problemas a la hora de interpretar la ruta o la identificación del tipo de archivo. Sí se puede utilizar el guion bajo (_) como separador o conector de las palabras que conforman el nombre.

¿Sabías que no es recomendable llegar al límite de la longitud permitida en los archivos? El sistema operativo añade a tu nombre la información que necesita para saber exactamente dónde se encuentra el archivo (su ruta).

Por ejemplo, si nombras a un archivo como **2024_resumen facturas 2_trimestre**, la denominación completa en el sistema operativo puede ser **C:\ Usuario\lauvg\Documentos\autónomo\2024\ 2024_resumen facturas 2_trimestre**. El total de estos caracteres no debe sobrepasar el límite marcado por el sistema operativo.

• **Extensión:** es un conjunto de caracteres que te permitirá identificar el tipo de archivo que es y, al sistema operativo, el programa que debe utilizar para abrir y trabajar con el archivo. La extensión es exclusiva de cada tipo de archivo y los programas se encargan de añadirla a los archivos que crees con ellos. Algunas están ligadas a programas específicos como, por ejemplo, .docx (asociado a los documentos creados con Microsoft Word); mientras que otras están basadas en estándares definidos por la industria, como .jpg (un tipo de archivo de imagen) o .html (asociado con las páginas web).

Presta atención a la siguiente imagen en la que podrás comprobar cómo se visualizan los archivos en tu equipo:

1. Un icono, antes del nombre del archivo, que indica qué tipo de archivo es y qué software tiene asociado.

2. El nombre descriptivo del archivo.

3. Separado del nombre, por un punto, la extensión de cada uno de los archivos.

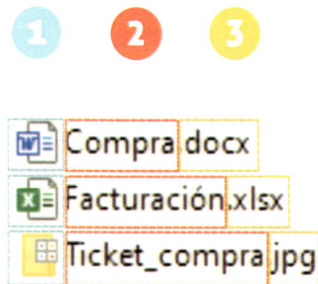

Si en tu equipo con sistema operativo Windows no ves las extensiones de tus archivos, desde el **Explorador de archivos**[2], en la pestaña **Vista**, accede a la cinta de **Opciones**, elige la opción **Ver** y desmarca la casilla **Ocultar las ex-tensiones de archivo para tipos de archivo conocido** que se encuentra en el grupo **Archivos y carpetas**.

Los archivos que generes se guardan en el dispositivo de almacenamiento, por ejemplo, el disco duro del ordenador. Para recuperarlo, es importante mantener el orden, saber la ubicación donde se ha almacenado, etc.

Para gestionar los archivos, el recurso principal es la **carpeta.**

Una **carpeta** es un contenedor de archivos que están relacionados entre ellos según las necesidades y lo que determine el usuario en base de sus propias necesidades organizativas.

La organización de las carpetas puede estar basada en diferentes características subjetivas del usuario, como el proyecto al que pertenecen, el tipo de archivo o el uso final del archivo. Las carpetas permiten hacer estructuras jerárquicas, es decir, dentro de una carpeta puede haber otras que pueden mantener otro tipo de organización diferente (subcarpetas). Estos niveles jerárquicos facilitan la organización y localización posterior de los archivos.

---

[2] Los nombres y formas de acceso pueden variar dependiendo de la versión de Windows que utilices.

Crear una **jerarquía de carpetas** ayuda a tener un entorno personalizado y organizado con subcarpetas y, por consiguiente, ayudará a localizar los archivos con mayor precisión.

Para gestionar archivos y navegar por el directorio, utilizarás el **Panel de navegación** del explorador de archivos.

En la siguiente imagen, verás un ejemplo de panel de navegación en Windows 10. Este panel muestra diferentes agrupaciones de accesos según los elementos que tengas instalados en el equipo.

1. Podrás configurar una carpeta para que aparezca en **Acceso rápido** y, así, sea fácil de encontrar.

2. En **Almacenamientos en la nube** te aparecerán todos los que hayas configurado.

3. En **Este equipo** se muestran las carpetas que componen el directorio básico.

4. Aquí se muestran el directorio de carpetas en el dispositivo.

5. Puedes visualizar los dispositivos de almacenamiento interno disponibles.

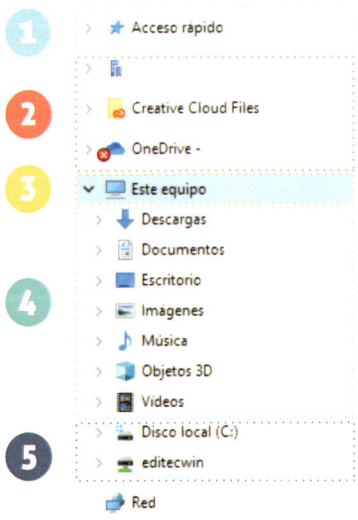

Tras familiarizarte con el entorno de trabajo y la organización en carpetas, es el momento de adaptar la jerarquía de carpetas a tus necesidades, para lo que necesitarás crear nuevas carpetas. Windows te proporcionará un esquema básico de carpetas compuesto por **Descargas**, **Documentos**, **Escritorio**, **Imágenes**, **Música**, **Objetos 3D** y **Vídeos**, todas dentro de la raíz **Este equipo**. Puedes utilizar esta estructura como punto de partida.

Para crear una **estructura de carpetas** personalizada que albergue tus archivos, comienza posicionándote en la carpeta donde quieras crearla. Luego, sigue los siguientes pasos para crear tu estructura de carpetas:

1. Posiciónate en el origen de tu estructura (dispositivo, biblioteca virtual, etc.). Al hacer clic sobre él, en la zona de la **Vista de contenido** (parte derecha) aparecerá el contenido actual. Puede que esté vacía y no muestre nada.

2. Haz clic con el botón derecho del ratón sobre una zona en blanco de la vista de contenido y, del menú contextual, elige la opción **Nuevo** y, a continuación, **Carpeta**.

3. Aparece en **Vista de contenido** una nueva carpeta que te permite editar el nombre. Personaliza el nombre y pulsa la tecla **Intro** cuando hayas finalizado.

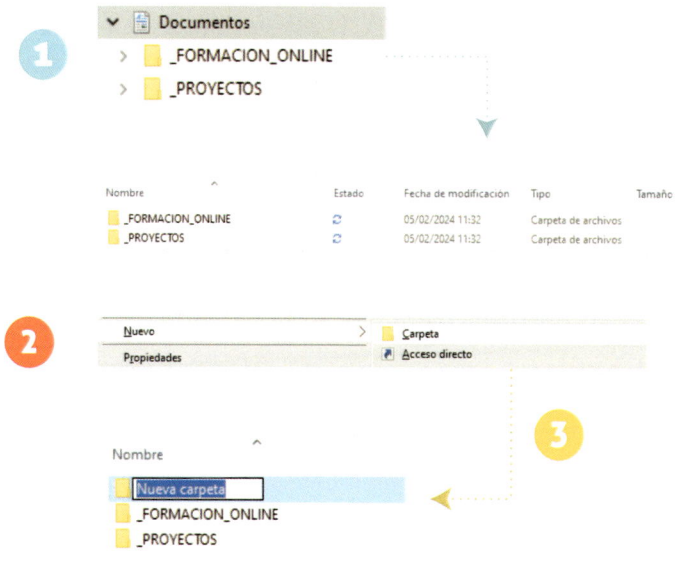

También puedes crear una nueva carpeta a través de la opción **Inicio** de la cinta de opciones **del Explorador de archivos**, en el grupo **Nuevo**, tienes la opción **Nueva carpeta**. Recuerda que siempre debes estar posicionado en el lugar donde quieres que aparezca. Si en algún momento necesitas cambiar el nombre de una carpeta, sitúate sobre ella y, haciendo clic en el botón derecho del ratón, selecciona en el menú emergente **Cambiar nombre**. También puedes utilizar el atajo de teclado **F2** para activar esta funcionalidad.

Cuando comiences a trabajar con tu archivo, tendrás que guardarlo para que permanezcan los cambios que hagas en él. Si es un documento nuevo, el sistema te solicitará que le asignes un nombre y que elijas la ubicación donde se almacenará. Los programas de aplicación suelen grabar sus archivos de forma predeterminada dentro de la carpeta **Documentos**.

Si has guardado el documento en un lugar diferente al que querías, puedes cambiar su ubicación. Igualmente, puedes mover carpetas. Si la carpeta que estás moviendo tiene archivos dentro, se moverán con ella. Para comprenderlo, presta atención a los siguientes **pasos:**

1. Seleccionamos la carpeta **IBASICA**, la carpeta que se va a mover.

2. Volvemos a hacer clic sobre la carpeta **IBASICA** y arrastramos (sin dejar de pulsar el botón izquierdo) sobre la carpeta **FORMACION ONLINE**.

3. Cuando estés sobre la carpeta destino, suelta el botón izquierdo.

4. La carpeta se ha movido dentro de la carpeta **FORMACIÓN ONLINE** y se ha colocado dentro de la estructura de forma alfabética.

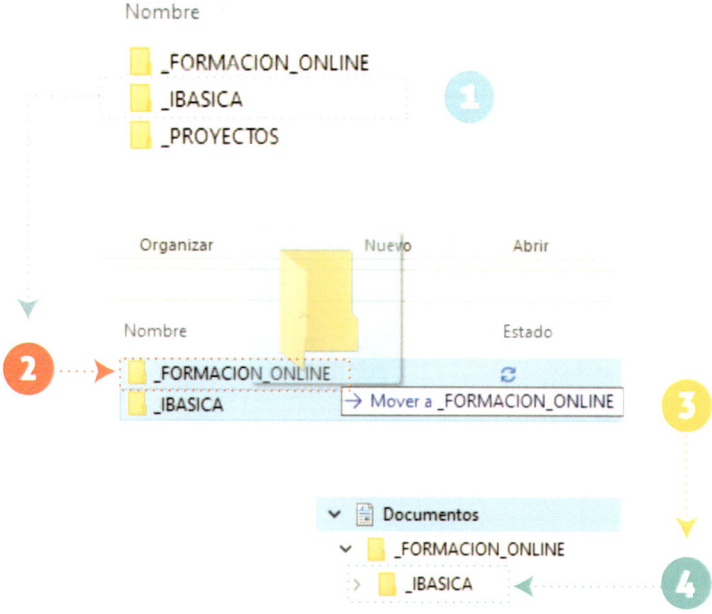

También puedes duplicar una carpeta y todo su contenido en otra parte de la estructura de carpetas del mismo dispositivo o de otro diferente, por ejemplo, una memoria externa. Esto se hace con la opción **Copiar**.

Para copiar la carpeta en el mismo dispositivo, selecciona haciendo clic sobre la carpeta que quieres duplicar y pulsa en el teclado la combinación de teclas: **Ctrl + C** para copiar y **Ctrl + V** para pegar. Si lo haces dentro de la misma ubicación, el resultado será una nueva estructura con el mismo nombre de la carpeta raíz, pero terminado en - **copia**.

Si quieres duplicar una carpeta en otra ubicación física, lo más fácil es preparar el **Explorador de archivos** para que se vean ambas ubicaciones al mismo tiempo. Para hacerlo, a través del **Panel de navegación** localiza la carpeta que quieres duplicar y muéstrala en la zona del **Visor de contenidos**. En otra ventana, visualiza la carpeta o ubicación de destino.

En la siguiente imagen puedes ver el contenido de la subcarpeta **IFCT45** en la ventana izquierda. En la ventana derecha se muestra el contenido de una memoria externa con una carpeta vacía con el mismo nombre que la original.

Con las dos carpetas en el escritorio, origen y destino, arrastra los archivos de origen sobre la carpeta de destino. Windows avisará de que la operación que vas a realizar añadiendo al lado del cursor una nota, en este caso: → **Mover a Ideaspropias**. Cuando aparezca esa nota, has de soltar la pulsación y Windows copiará el contenido en la nueva ubicación.

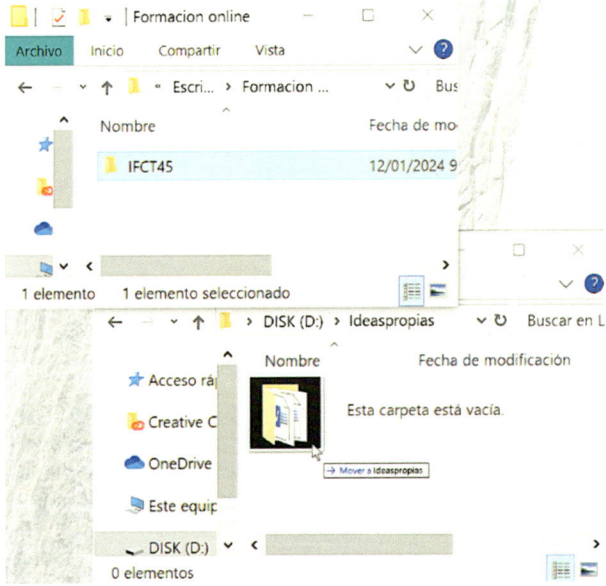

Windows también permite seleccionar múltiples archivos y carpetas para realizar las **acciones en bloque**:

- **Seleccionar archivos o carpetas contiguos:** si quieres hacer una operación sobre varias carpetas o archivos que se encuentran contiguos, debes hacer clic en el primer elemento del listado y, pulsando la tecla **Mayús.** del teclado, haz clic en el último elemento. De este modo, todos quedarán seleccionados.

- **Seleccionar archivos o carpetas no contiguos:** si quieres seleccionar archivos o carpetas de la misma ubicación, pero no contiguos, puedes utilizar la tecla **Ctrl** de tu teclado. Para ello, haz clic en el primer elemento que quieres seleccionar y, manteniendo pulsada una de las teclas **Ctrl** del teclado, haz clic sobre cada uno de los elementos que quieres seleccionar.

Independientemente del número de elementos seleccionados y del proceso de selección, los procedimientos para trabajar con las carpetas y archivos se realizan de la misma forma y con los mismos resultados.

También podemos eliminar un archivo o carpeta. Para ello, se selecciona y se pulsa en el teclado la tecla **Supr**. El sistema operativo pedirá una confirmación de esta acción. Si trabajas en la memoria del ordenador, el contenido eliminado se enviará a la **Papelera de reciclaje** y podrás revertir el proceso. Sin embargo, si trabajas en una memoria USB, el contenido se eliminará de forma permanente, porque no entra dentro de los planes de recuperación establecidos por el sistema operativo en Windows.

Para ver los elementos que el sistema de recuperación asociado a la **Papelera de reciclaje** tiene en cuenta, puedes hacer clic derecho del ratón sobre el icono de la **Papelera de reciclaje**, elige la opción **Propiedades** y revisa las unidades que están asociadas a la papelera.

Parte del mantenimiento de un equipo es la eliminación de archivos antiguos almacenados en la papelera y que ya no tienen utilidad. Esta acción permite liberar la memoria del dispositivo. Para eliminar de forma permanente los elementos de la **Papelera de reciclaje**, hay que situarse sobre ella, hacer clic derecho del ratón y pulsar en la opción **Vaciar Papelera de reciclaje**. Esta opción eliminará de forma permanente los archivos. Al igual que en los otros casos, Windows solicitará la confirmación de la acción.

CONCLUSIONES

En esta unidad didáctica has aprendido que:

- Existen diferentes versiones y sistemas operativos en el mercado y es importante saber las diferentes opciones disponibles; ya que el funcionamiento, requisitos y utilidad varía de unos a otros.

- El mantenimiento del equipo, las primeras interacciones y las funciones de inicio, apagado e hibernación del equipo.

- Cada equipo tiene unos programas instalados que te permiten realizar diferentes tareas, los programas básicos que todos los equipos incluyen permiten la navegación, exploración y visualización de los contenidos.

- La estructura organizativa de los dispositivos requiere de gestionar correctamente archivos y carpetas, para ello debes saber crear, modificar, mover y eliminarlos.

AUTOEVALUACIÓN

1. En el siguiente gráfico, ubica las diferentes capas principales de un sistema operativo:

2. La aplicación que permite organizar los archivos en un dispositivo de almacenamiento interno, puedes considerarla como:

a. Software de aplicación.
b. Software propietario.
c. Software de base.
d. Software libre.

3. En un procedimiento de arranque, el primer software que se ejecuta en un dispositivo de tipo PC es el denominado:

a. MBR.
b. BIOS.

c. Windows 10.

d. Sistema operativo.

4. Un sistema operativo es libre cuando se permite el uso gratuito, pero está sujeto a restricciones que no permiten alterar su código fuente.

a. Verdadero.

b. Falso.

5. La caja de búsqueda, situada en la barra de tareas, busca una correspondencia de las palabras que introduces en:

a. Solamente en los programas instalados en tu equipo.

b. Solamente en los archivos que se alojan en la carpeta **Documentos**.

c. La tienda de Microsoft.

d. Los programas y archivos de tu equipo.

SOLUCIONES

1.

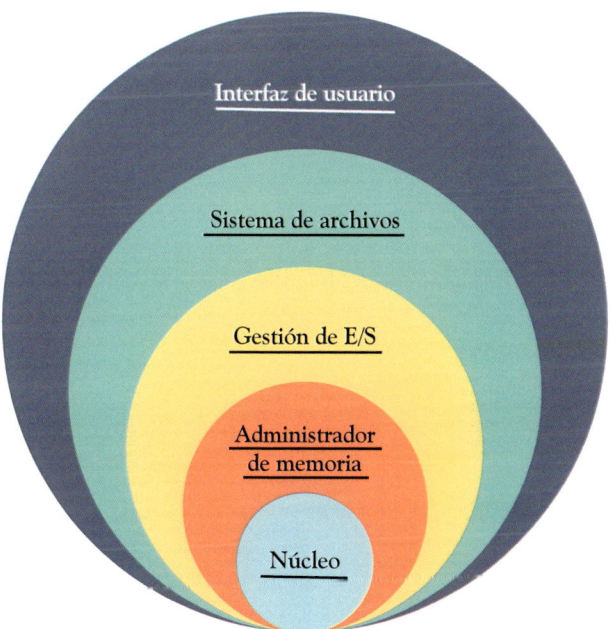

2. c. Aunque puede adoptar distintas formas visuales, todas ellas actúan bajo uno de los componentes principales del sistema operativo, la capa de gestión de archivos, por tanto, es software de base.

3. b. El procedimiento de arranque de los dispositivos tipo PC está estandarizado y el software que se inicia se denomina «BIOS».

4. b. Existen dos tipos de licencias de software, en el caso de las licencias libres, puedes reutilizar el código y modificarlo para redistribuirlo nuevamente.

5. d. La caja de búsquedas busca coincidencias en el nombre de los programas instalados y entre los archivos almacenados. Windows también puede mostrar sugerencias de aplicaciones de su tienda online.

2 Gestión de la información

Objetivos

- Conocer los principales conceptos que giran alrededor de la Red.

- Aprender el funcionamiento básico de los navegadores habituales y sus funcionalidades principales.

- Configurar los navegadores para un óptimo aprovechamiento de la experiencia de navegación.

- Buscar información en la Web mediante operadores que optimicen el proceso de búsqueda.

- Conocer los procedimientos que te permitan subscribirse a fuentes de información de interés.

- Usar la nube como espacio de almacenamiento y recuperación de archivos.

- Compartir archivos a través del uso de espacios personales en la nube.

Contenidos

2.1. Uso de diferentes navegadores

El término «navegar en la Red» hace referencia a la acción de buscar información de interés sobre una temática concreta, pasando de un enlace a otro. Para ejecutar estas acciones utilizamos un navegador.

Un **navegador** es un desarrollo de software que nos permite acceder a una dirección web conocida.

La mayoría de los sistemas operativos ofrecen una opción predeterminada de navegador que podrás utilizar para consultar, recuperar y extraer información contenida en Internet.

A continuación, se desarrollan los conceptos básicos relacionados con los navegadores y cuáles son las principales opciones del mercado.

2.1.1. Conceptos básicos relacionados con los navegadores

Navegar por Internet puede resultar complicado si no se conocen o se disponen de las herramientas y estrategias adecuadas que te permitan encontrar información de tu interés. Antes de conocer de qué manera puedes navegar y acceder al contenido, es el momento de revisar algunos **conceptos:**

- **Internet:** tiene su origen en el proyecto del Ministerio de Defensa de los EE. UU. llamado «ARPANET» que tenía el objetivo de mantener las comunicaciones militares desde cualquier punto del país en caso de un ataque ruso a las infraestructuras de comunicación. Esos protocolos de comunicación son los que hoy soportan la infraestructura de la Red. Las **bases de Internet** son:

  - Disponer de múltiples caminos entre dos puntos de la Red, de forma que el colapso de uno de ellos no impida que la Red siga funcionando.

  - Dividir los mensajes transmitidos en pequeños fragmentos que siguen rutas diferentes para llegar al destino.

- **Web:** WWW (World Wide Web, red informática mundial) es la denominación global del conjunto de documentos distribuidos, interconectados y accesibles a través de Internet. Este desarrollo fue realizado por Tim Berners-Lee y Robert Cailliau y sentó las bases del HTML, HTTP y el URL:

- **HTML** (*hypertext markup language,* **lenguaje de marcado de hiper-texto**)**:** es un lenguaje de marcado estandarizado que se utiliza para la creación de páginas web. Ha ido evolucionando a lo largo del tiempo para mejorar y adaptarse a las nuevas funcionalidades y usos de la Web.

- **HTTP** (*hyper text transport protocol,* **protocolo de transferencia de hipertexto**)**:** es el protocolo que se encarga de comunicarse con el servidor donde se encuentra la información que queremos recuperar.

  El protocolo HTTPS es la versión segura de HTTP. En esta versión de comunicación, el intercambio de información se encripta para que, si es interceptada por terceras personas, sea ilegible.

Si el sitio al que queremos acceder utiliza una conexión segura, su dirección comenzará por **https://**, de lo contrario, comenzará por **http://**. Algunos navegadores no muestran este prefijo, pero sí indican el nivel de seguridad en la barra de dirección mediante un icono previo a la dirección. Al clicar en el icono, el navegador te informará sobre el nivel de seguridad de la conexión y la validez del certificado del sitio.

- **URL** (*uniform resource locator,* **localizador uniforme de recursos**)**:** es la forma de expresar la dirección única de los sitios web en Internet. La construcción de una URL se realiza de la siguiente manera:

  5.° **Protocolo de red:** determina el tipo de comunicación que realizarán las máquinas, habitualmente, HTTPS. Otros protocolos son FTP para la transferencia de archivos o MAILTO para la gestión del correo electrónico).

  6.° **Servicio:** el web, representado por www, es el más habitual, pero podría no existir.

7.º **Nombre de dominio:** nombre de la empresa, servicio o marca en la Red, para utilizarlo debe estar registrado.

8.º **Tipo de dominio:** acompañan al dominio y son indicativos de la localización, .es, fr., .pt, o tipo de información como, por ejemplo, .edu, .com, u .org)

Los nombres de dominio son una forma amigable de identificar los distintos sitios en la Red. Son una representación de las direcciones IP, que es un conjunto de cuatro números comprendidos entre 0 y 255 separados por puntos. Para que el sistema funcione, el sistema de nombres de dominio se encarga de traducirlos en direcciones IP.

• **Página web:** documento que puede contener información textual, imágenes, vídeos, enlaces y otros recursos, construida mediante lenguaje HTML y, por tanto, específica para ser mostrada en la Web. Los editores de texto profesional permiten guardar los documentos en HTML sin necesidad de conocer este lenguaje.

• **Sitio web:** estructura de páginas web enlazados de forma jerárquica, relacionadas y asociadas habitualmente a una dirección web (por ejemplo, el sitio web de una empresa o un servicio de información). Las herramientas para navegar y visualizarlas son los navegadores y buscadores.

- **Buscador:** un buscador es un desarrollo software que tiene por objetivo indexar la mayor cantidad posible de contenido que se encuentra en la Web. La información es añadida al catálogo de páginas que mantiene el buscador mediante un rastreador web. Entre la información que recoge el buscador está: dónde se encuentra el sitio web (servidor físico), palabras clave y un árbol de la estructura de páginas del sitio. También tiene por objetivo mantener actualizado el catálogo de sitios, para ello, revisa periódicamente si las páginas indexadas siguen activas o si su estructura ha variado. Uno de los más utilizados es Google.

Existe contenido en la **Web** que no está indexada por los rastreadores y no forman parte de los resultados de búsqueda; no forman parte de la Internet pública, sino de una Internet de contenidos privados o de acceso restringido. Estos contenidos se conocen como Internet profunda o **Deep Web.** Esta no se rige por los mismos parámetros y los nombres de dominio no son explícitos. Existen navegadores especializados para acceder a este tipo de contenidos, como **Tor.** Una parte de esta Internet profunda tiene contenidos ocultados intencionadamente fuera del ámbito público. Estos reciben el nombre de «**Dark Web**».

2.1.2. Navegadores habituales

Los **navegadores** más habituales son:

- **Google Chrome:** es un navegador de software privado desarrollado por Google. Está basado en código abierto, pero el navegador no lo es. Es el navegador que viene instalado por defecto en todos los sistemas operativos móviles basados en Android, pero puedes descargarlo y utilizarlo en Windows, iOS, Linux y MacOS.

- **Safari:** está desarrollado por la empresa Apple Inc. y lo incluye en todos sus dispositivos MacOS y iOS de manera predeterminada. Está perfectamente integrado en el ecosistema Apple y con los servicios iCloud (almacenamiento en la nube) o Apple Pay (para comprar a través de Internet). A diferencia del resto de los navegadores, Safari no está disponible para Windows ni para sistemas Android o Linux.

- **Microsoft Edge:** desarrollado por Microsoft para sustituir a Internet Explorer, tiene versiones para Xbox, iOS y Android. Es el navegador predeterminado de Microsoft para sus sistemas operativos a partir de Windows 10. Dentro del navegador, se encuentran integrados otros servicios que ofrece Microsoft, como la asistente virtual Cortana, que permite buscar por voz, o el servicio de almacenamiento en su nube, OneDrive.

- **Firefox:** es un navegador de código abierto desarrollado por la Fundación Mozilla, que desarrolla aplicaciones de software a través de la contribución de personas voluntarias. Esta fundación mantiene una fuerte actividad en Internet y promueve la privacidad y uso responsable de la recopilación de datos por parte de las aplicaciones de terceros. Firefox dispone de versiones para Windows, Android, iOS, Linux y, también, para dispositivos Amazon.

- **Opera:** software privativo desarrollado por la Opera Software, empresa noruega que lo mantiene desde 1995. Es conocido por ser de los más respetuosos en la aplicación de los estándares de la industria. Su característica distintiva es que incorpora un bloqueador de anuncios y no es necesario instalarlo como un complemento. Al igual que los otros navegadores, Opera está disponible para Windows, MacOS, Linux, Android y iOS.

2.1.3. Estándares web

Para reproducir de manera correcta las páginas web, todos los navegadores están sujetos a los estándares que han se han desarrollado para unificar criterios.

Los **estándares web** son el conjunto de normas que indican cómo deben funcionar las tecnologías que se usan en el desarrollo de la World Wide Web.

Estos estándares posibilitan que las páginas que empleen cualquiera de estas tecnologías en su desarrollo puedan visualizarse correctamente en el navegador.

El **W3C** es la entidad que se encarga de desarrollar las especificaciones, directrices y estándares para garantizar el desarrollo de la World Wide Web. El principio del W3C es desarrollar una Web para todo el mundo y en cualquier dispositivo. Para ello, trabaja en estándares relacionados con los siguientes **fundamentos:**

- **Diseño y aplicaciones web:** incluyen los estándares para la representación de construcción de páginas web además de cómo hacerlas accesibles para personas con discapacidades.

- **Arquitectura web:** centrados en las tecnologías sobre las que se sostiene la Web.

- **Web semántica:** desarrollo de nuevos estándares que den soporte a las reglas para manejar los datos y extraer el potencial de los datos enlazados.

- **Tecnología XML:** aplicada para compartir información entre programas y personas en la Red.

- **Web de los servicios:** preferidos a los pagos que se realizan en la Web.

- **Web de los dispositivos:** incluye, además de los dispositivos móviles, el uso de la tecnología web en la denominada «electrónica de consumo».

- **Navegadores y herramientas de autor:** pautas para el diseño de software englobado en estas categorías.

Ahora que conoces los navegadores que tienes disponibles para buscar información en la Web y para visualizar las páginas de contenido, instala en tu equipo de referencia algún navegador que no hayas probado antes. Úsalo forma habitual durante unos días.

2.2. Pestañas, historial y favoritos

En este epígrafe, se explorarán las herramientas fundamentales para navegar por la web de forma eficiente y organizada: pestañas, historial y favoritos. A continuación, descubrirás ejemplos de uso de cada una de estas herramientas, que serán las claves para aprovechar al máximo tu experiencia de navegación en uno de los navegadores más utilizados: Google Chrome.

Una **pestaña** es una herramienta fundamental para navegar por la web de manera organizada y eficiente. Las pestañas permiten acceder a múltiples páginas web si necesidad de abrir varias ventanas, lo que mejora la experiencia de navegación y la productividad.

Presta atención a la siguiente imagen de la zona de pestañas ubicada en la parte superior de una ventana de Google Chrome:

1. La opción +, ubicada en la derecha de la última pestaña, te permite abrir una nueva pestaña.

2. La pestaña sombreada en blanco es la que estás visualizando en ese momento. Si quieres abrir una pestaña en una nueva ventana, tienes que hacer clic sobre ella y arrastrarla fuera de la ventana principal de Chrome.

Además de las funcionalidades habituales de saltar entre pestañas o cerrarlas, también puedes moverlas para colocarlas en un orden concreto. Haciendo clic sobre cualquier pestaña, abrirás un menú contextual donde podrás, por ejemplo, **fijar una pestaña** para que, cada vez que abras el navegador, cargue automáticamente esa pestaña.

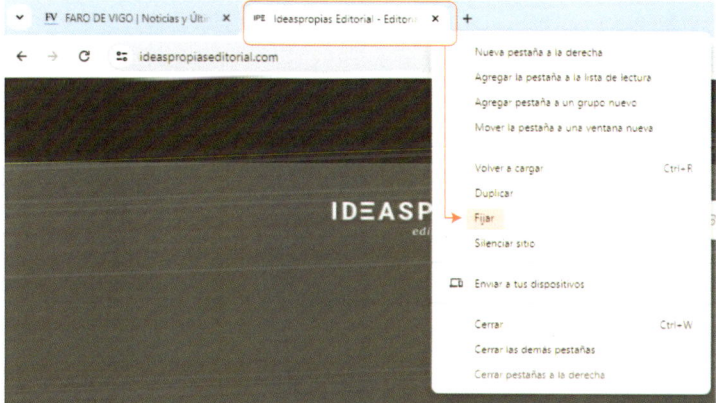

Otra forma de tener accesible un sitio web concreto, es guardándolo como favorito, para así poder acceder de forma rápida a él.

Un **favorito o marcador** es un enlace a una página web que has guardado
para acceder a ella fácilmente.

Esta funcionalidad te permite guardar páginas web que te interesan o que visitas con frecuencia para poder encontrarlas fácilmente sin tener que recordar la
URL completa.

Para guardar una página web dentro de la carpeta de favoritos en Chrome,
sigue los **pasos** que se muestran en la siguiente imagen:

Se abrirá el formulario para añadir el recurso a los favoritos ya existentes.

Accede a la web del recurso.

Pulsa sobre el icono de la barra de direcciones **Añadir esta página a marcadores**.

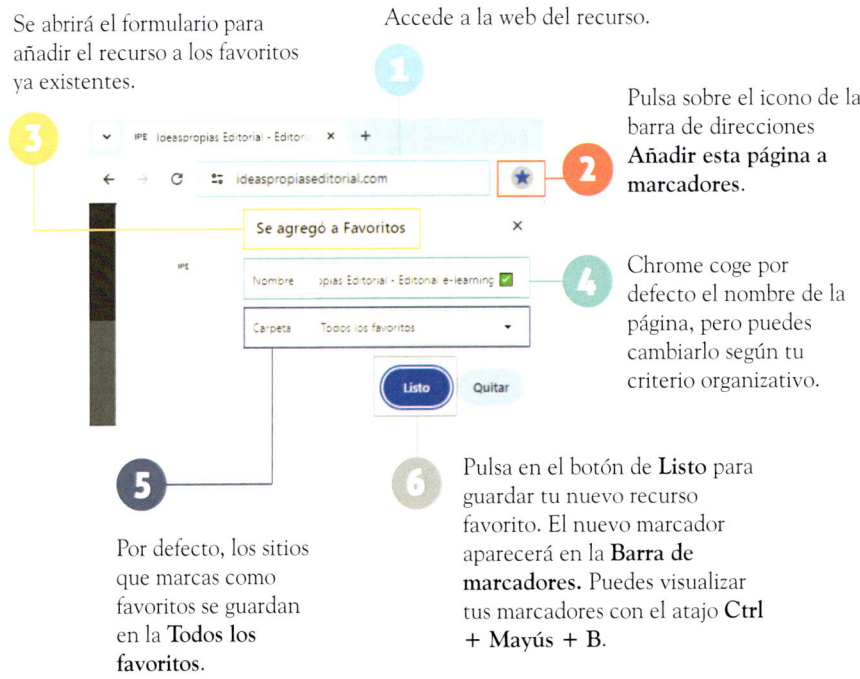

Chrome coge por defecto el nombre de la página, pero puedes cambiarlo según tu criterio organizativo.

Por defecto, los sitios que marcas como favoritos se guardan en la **Todos los favoritos**.

Pulsa en el botón de **Listo** para guardar tu nuevo recurso favorito. El nuevo marcador aparecerá en la **Barra de marcadores.** Puedes visualizar tus marcadores con el atajo **Ctrl + Mayús + B**.

Si hay muchos favoritos almacenados en la barra de marcadores, puede resultar complicado encontrar el enlace de la página que se quiere consultar. Por este motivo, es importante mantener los marcadores en orden organizándolos en carpetas. Para ello, debes acceder a **Marcadores** y seleccionar la opción **Administrador de Marcadores**. Ahora, presta atención a la siguiente imagen y descubrirás cómo organizar todas las páginas que guardes en esta opción de tu navegador:

1. Por un lado, en la zona de la izquierda, están ubicadas las carpetas y, por otro lado, en la zona central, los marcadores de la carpeta que esté seleccionada. Ahora puedes hacer las siguientes operaciones:

   - Arrastrar un marcador de una carpeta a otra.

   - Hacer clic en el menú contextual asociado a cada marcador para abrirlo, editarlo o eliminarlo.

2. Puedes crear nuevas carpetas, marcadores y organizar los que ya tengas.

¿Quieres aprender cómo organizar tus marcadores? Escanea el código QR y presta atención al vídeo. Descubrirás a qué menú debes acceder para organizar los marcadores y organizar los existentes.

Después de haberte familiarizado con las pestañas y el uso de los marcadores, es importante aprender a utilizar el registro de la navegación, para lo que se recurrirá al **historial.**

El **historial** almacena los sitios web visitado, las contraseñas que has utilizado en esas páginas, la información que has introducido en los campos de los formularios que has completado y las *cookies*.

Para abrir el historial en Chrome, deberás seguir estos **pasos:**

1. Accede a la opción **Personaliza y controla Google Chrome.**

2. Pulsa en **Historial**.

3. Se desplegará un nuevo menú con dos zonas diferenciadas.

4. Zona inferior desde donde puedes acceder a las últimas páginas en las que has entrado; se puede decir que es el **historial reciente**. Simplemente pulsando sobre la página visitada vuelve a abrirse esta página en tu navegador.

5. Opción **Historial**, que te ofrece un acceso y revisión más completo, mostrado por días. Desde él puedes acceder a cualquiera de las entradas o eliminarlas de forma individual.

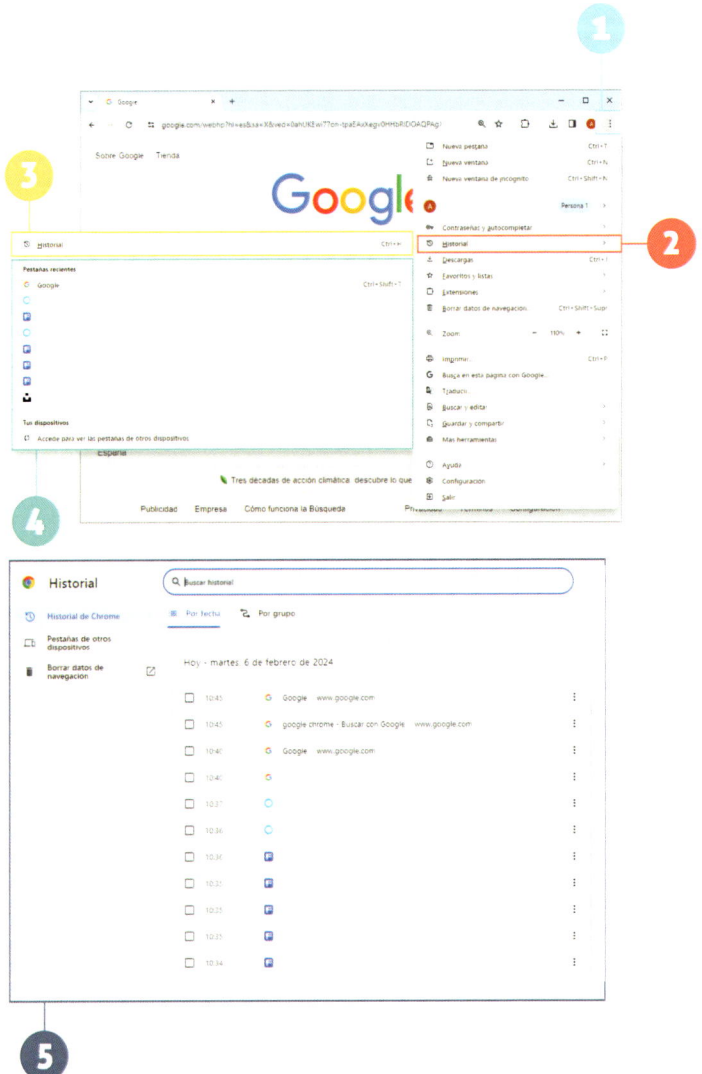

2.3. Página de inicio, buscador preferido, borrado de caché

Otros aspectos básicos sobre la configuración de los navegadores son los que nos permiten ajustar el comportamiento o el aspecto del navegador y aquellos que nos permiten controlar algunos puntos relacionados con la seguridad de la navegación: configurar la página de inicio, definir el buscador preferido o borrar la caché.

La **página de inicio** es la primera que muestra el navegador al abrirlo.

Los navegadores presentan por defecto una página de búsqueda propia donde, aparte de una barra de búsqueda, muestran otra información como enlaces de interés, noticias, etc. Puedes personalizarla para que el navegador realice algunas acciones o muestre una página concreta cada vez que lo abras.

Cada navegador tiene estructurada la configuración según los criterios de sus desarrolladores, en Chrome, puedes hacer modificaciones si accedes a la **Configuración** desde el desplegable de tres puntos de la Barra de direcciones. En el menú de la izquierda, puedes configurar lo que Chrome mostrará desde **Al iniciar**.

1. **Abrir la página Nueva pestaña:** esta es la configuración predeterminada, en ella se muestra el logotipo de Google, una barra de búsqueda y las miniaturas de los sitios más visitados.

2. **Continuar la sesión desde donde la desjaste:** si tenías 5 pestañas del navegador abiertas cuando cerraste el navegador, en la próxima sesión se abrirán de nuevo.

3. **Abrir una página específica o un conjunto de páginas:** desde este ajuste puedes cargar una página concreta. Al seleccionarla, se desplegarán dos acciones nuevas: **Añadir una nueva página** y **Utilizar páginas actuales**.

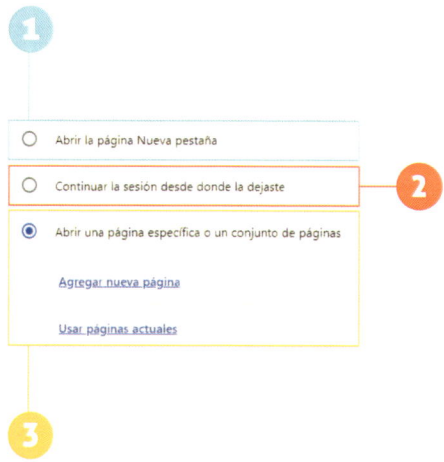

Además de configurar la forma de iniciar el navegador, también puedes elegir el buscador de referencia. Los motores de búsqueda más conocidos son: **Google** y **Bing**, aunque tienes otras opciones como utilizar el de **Yahoo!**, **DuckDuckGo**, **Ecosia**, etc.

El **buscador preferido** es el predeterminado que utilizará el navegador cada vez que realicemos una búsqueda a través de la barra de dirección, por lo que es imprescindible configurarlo para que la búsqueda se haga con aquel que nos sintamos más cómodos.

Chrome, **Firefox**, **Opera** o **Safari** tienen configurado como buscador a **Google**, mientras que **Microsoft** tiene a **Bing** como buscador por defecto. En el caso de Chrome, encontrarás esta opción dentro del menú **Buscador** de la **Configuración**. Desde aquí, puedes realizar las siguientes acciones:

1. Elegir **buscador utilizado en la barra de direcciones**. Si despliegas la lista, puedes elegir otros motores de búsqueda para que el navegador lo use cuando escribes las palabras clave en la barra de direcciones.

2. **Administrar la búsqueda en sitios y los motores de búsqueda:** se refiere a otros buscadores asociados a otros servicios que ofrecen realizar búsquedas, normalmente, en sus propios sitios de información. Por ejemplo, el buscador asociado a X (antiguo Twitter) realizaría la búsqueda sobre los *posts* de su espacio.

Al configurar el navegador, aparte de tener en cuenta cómo abrirá las sesiones o el motor de búsqueda que utilizará, también debemos tener en cuenta cómo utilizan los datos de nuestras interacciones con él. Debemos revisar los datos de navegación que generamos con nuestras consultas a la Web.

Los datos de navegación son el registro temporal de las páginas que visitas en tus sesiones de navegación. Una de las opciones que ofrece el **historial** es **Borrar los datos de navegación**. Esta opción, según el navegador, te permitirá borrar datos de diferente manera. Antes de elegir el tipo de borrado, conviene saber qué es la **caché.**

La **caché** es un tipo de memoria de acceso rápido que almacena temporalmente datos y permite mejorar el rendimiento del sistema.

En un navegador web, la caché es la memoria temporal que utiliza el navegador para almacenar archivos y recursos descargados de páginas web. Esta ayuda a que la carga del navegador sea más rápida al evitar que se descarguen nuevamente recursos ya almacenados en el dispositivo del usuario. Puedes utilizar la herramienta de **Borrar datos de navegación** para eliminarlos. Chrome ofrece dos opciones:

1. **Básico:** eliminarás el historial de navegación, las cookies y también los archivos e imágenes en caché. Puedes seleccionar o desmarcar las opciones si quieres preservar esos datos. Además, te permite borrar solo una parte del historial según la antigüedad.

2. **Configuración avanzada,** amplía las opciones del borrado básico y permite eliminar otra información que el navegador ha ido almacenando, como las contraseñas, datos de autocompletado de formularios, configuración personalizada de sitios, etc.

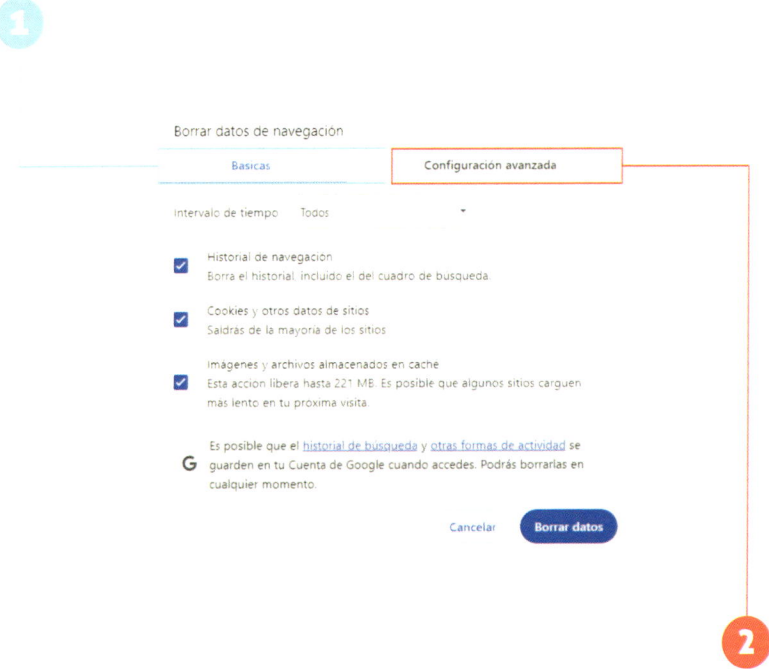

2.4. Buscadores y fuentes RSS

Buscar información de manera óptima hará que aproveches mejor tu tiempo y obtengas mejores resultados en tus acciones de búsqueda en la inmensidad de páginas web que ofrecen contenidos y servicios en la Web. Conocer cómo funcionan los motores de búsqueda y qué operadores se pueden utilizar para precisar y mejorar los resultados devueltos, se convierte en una necesidad.

Un **buscador** es un programa informático cuya función es ayudar al usuario a encontrar información en la Web.

Cuando introduces una consulta en un buscador, este rastrea su índice de páginas web y te devuelve una lista de páginas relacionadas con tus términos de búsqueda.

Muchos buscadores recopilan datos de las consultas que realiza el usuario para tener en cuenta la actividad y preferencias a la hora de mostrar los resultados. Esta personalización en la que el motor de búsqueda ofrece solo los resultados afines al perfil del usuario, puede generar una falsa percepción sobre la realidad que arrojan los datos.

Los principales motores de búsqueda son **Google** y **Bing**, aunque existen otras opciones que puedes utilizar y que ofrecen características diferentes. Es bueno tener en cuenta que, en la mayoría de los casos, cada buscador tiene su propio catálogo, aunque algunos de ellos son una pasarela que ofrece los resultados de Google o Bing con alguna característica añadida.

- **Google:** es propiedad de Alphabet Inc. y fue desarrollado inicialmente por Larry Page y Sergey Brin en 1997. Además de las búsquedas de texto, permite buscar a través de imágenes y por voz.

  Google busca en las páginas web y además en documentos PDF, documentos de texto y otros tipos de documentos. También ofrece resultados instantáneos o sugeridos mientras estás escribiendo tu petición de información y responde a preguntas sobre el tiempo, cálculos matemáticos o resultados deportivos, entre otras funciones.

  A raíz de los últimos avances en Inteligencia Artificial, en 2023 Google anunció que comenzaría la indexación de los contenidos de YouTube para ofrecer en los resultados de búsqueda contenido audiovisual en el que el usuario pudiese saber no solo el vídeo donde se trataba el tema de su búsqueda, sino también el momento en el que lo hacía.

- **Bing:** fue presentado en 2009 por Microsoft, que adquirió la tecnología semántica desarrollada por la empresa Powerset para entrar en el mercado de los buscadores. Esta tecnología se basa en la comprensión textual de lo que la persona usuaria escribe en la caja de búsqueda del motor.

Otro de los hitos de **Bing** ocurre en 2023, cuando Microsoft integra en sus búsquedas el motor de Inteligencia Artificial desarrollado por OpenAI de **GPT-4,** que permite generar unas respuestas más cercanas al lenguaje natural y mantener una conversación con el buscador.

Puedes utilizar otros buscadores que tienen características que podrían ser muy interesantes a nivel de navegación, como **DuckDuckGo** y **Qwant** —que no almacenan información de las búsquedas que realizas— o **Ecosia** —que usa las búsquedas de Google como base y se compromete a plantar árboles para minimizar la huella de carbono por cada búsqueda que hagas a través de su web—.

Cada buscador tiene su propio sistema para interpretar las búsquedas y mostrar resultados, pero si quieres precisar tus pesquisas, deberás tener en cuenta dos **pautas básicas** relacionadas con las palabras clave y los operadores:

• **Palabras clave:** introduce en la caja del buscador las palabras más relevantes o las palabras clave que responden a tus necesidades de búsqueda. No emplees artículos ni preposiciones, pues, normalmente, los buscadores las eliminan en un primer análisis. Además, deberás ordenar las palabras clave por orden de relevancia.

Si tu objetivo es buscar rutas en bicicleta por la ciudad de A Coruña, la fórmula **Coruña bicicletas rutas** sería más adecuada que **Rutas en bicicleta en la ciudad de A Coruña**, pues Google Search elimina los artículos y preposiciones. También el orden de los términos influye en los resultados, ya que es relevante que sean en Coruña; por ese motivo, es importante posicionar esta palabra en primer lugar.

• **Operadores de búsqueda:** estos prefijos o adiciones funcionan como filtros personalizables. La página de resultados obtenida por una búsqueda con operadores proporciona resultados diferentes que una realizada sin ellos. Algunos de los **operadores más utilizados** son:

- **Comillas:** operador relevante y sencillo de utilizar. Todo lo que incluimos entre ellas se busca de manera exacta y en el mismo orden. Este recurso es muy útil porque, en el funcionamiento habitual de los buscadores, si no van entrecomilladas, los resultados devolverán todas las páginas en las que aparezcan las palabras buscadas, pero sin necesidad de que aparezcan juntas.

Siguiendo con el ejemplo anterior, si buscamos "Rutas en bicicleta" obtendremos los resultados de esas palabras entrecomilladas. Si no van entrecomilladas las palabras aparecen en los resultados, pero en cualquier sitio de la página o documento devuelto. Es importante que no se cometan faltas de ortografía, pues lo que va entrecomillado se busca tal cual; no hay ninguna corrección por parte del motor de búsqueda.

- **Guion (-):** este operador elimina de los resultados de búsqueda el término al que se ha asociado. Es útil para eliminar ruido de los resultados de búsqueda.

Por ejemplo, al pedir información sobre la velocidad del jaguar, queremos encontrar resultados que no hablen de la velocidad del animal y no del vehículo. Para encontrar lo que nos interesa, podemos ajustar la búsqueda de la siguiente manera:

Velocidad jaguar -motor -vehículo -automóvil -coche

- **Site:** este operador restringe la acción de búsqueda a un sitio concreto.

Si quieres buscar una noticia relacionada con los ganadores de los Óscar que recuerdas haber visto en el periódico *El País* y no eres capaz en ese momento de localizarla, puedes especificar:

Ganadores de los Oscar site:www.elpais.es

Así, te devolverá resultados de las noticias que contengan la expresión completa entrecomillada "Ganadores de los Oscar", restringiendo solo a aquellas que pertenezcan a la página de *El País*

- **Or:** permite combinar varios términos en la misma acción. Cuando no especificamos nada entre las palabras clave, automáticamente se suponen unidas por el operador **And**, lo que significa que todos los resultados devueltos contendrán todos los términos que has introducido en la caja de búsqueda. Con el operador **Or** realizas búsquedas donde los resultados contienen al menos uno de esos términos. **Or** también puede combinarse con otros operadores para ajustar la búsqueda.

Si buscamos esto:

"medallero olímpico" OR clasificación España en JJOO

Nos devolverá resultados relacionados con los términos que se encuentran a ambos lados del operador. Además, hemos combinado su acción con el operador de contextualización doble comilla.

- **Filetype:** si quieres encontrar algún recurso o información que se encuentre en un formato concreto, puedes indicarlo a través de este operador. Tan solo especifica el operador seguido de la extensión o el tipo de documento que quieres obtener.

Presta atención a esta secuencia:

"open data" language:es filetype:pdf

Si buscamos esto, nos devolverá resultados en formato PDF en español donde aparezca la expresión "open data".

Además de estas pautas básicas relacionadas con las palabras clave y operadores, puedes ajustar algunas opciones de búsqueda desde el mismo navegador utilizando la búsqueda avanzada (si la tiene disponible), búsqueda con el asistente de voz, por imagen o a través de asistente por chat.

- **Búsqueda avanzada:** en el caso de Google, cuando haces una búsqueda, ofrece diferentes opciones preestablecidas y filtros (idioma, fecha de publicación, tipo de búsqueda, etc.). Aparecerán justo debajo de la caja de búsqueda en la cabecera de la página. Ofrece una navegación categorizada: imágenes, noticias, mapas, vídeos, etc.

- **Búsquedas con el asistente de voz:** cada vez es más frecuente esta funcionalidad a través de preguntas hechas a un asistente por voz y que nos respondan también utilizando una respuesta más natural. Esta modalidad también se ha integrado en los buscadores, donde lanzaremos la consulta de voz y el buscador la convertirá en una página de resultados.

Podrás encontrar asistentes de voz integrados en los buscadores de Google y **Bing;** pero también tienes asistentes integrados en gadgets, como **Alexa** de Amazon, o en sistemas operativos, como Siri para el ecosistema de Apple o **Cortana** para Microsoft.

- **Búsqueda por imágenes:** también se conoce como «búsqueda inversa». Consiste en facilitar una imagen al buscador para que este te devuelva imágenes similares, sitios web que contienen dicha imagen o la misma imagen en otros tamaños utilizada en otras webs. También permite, si reconoce un rostro, buscar de contenido relacionado con esa persona.

Google ha desarrollado **Google Lens,** una aplicación que utiliza Inteligencia Artificial para buscar por imágenes con detección de objetos. La herramienta, a partir de una foto, es capaz de traducir texto en tiempo real y buscar elementos por imagen. Escanea el código QR y accede a la página web de Google Lens.

- **Búsqueda a través de asistente por chat:** en 2023, Microsoft integró la herramienta de Inteligencia Artificial GPT-4 en su buscador Bing como otra forma de hacer búsquedas a través de asistente por chat. Esta se focaliza en la conversación con el usuario y ofrece la posibilidad de que este sintetice la información que encuentra en Internet en una respuesta corta y centrada en la pregunta. Además, ofrece como complemento a esta respuesta los resultados de búsqueda con los que complementar la información obtenida.

Los continuos avances en Inteligencia Artificial seguramente cambiarán la forma en la que realicemos las búsquedas. **Copilot** (Microsoft) y **Gemini** (Google) son las herramientas que ya se integran en los sistemas operativos combinando las búsquedas con otras funciones.

2.4.1. Fuentes RSS

Muchos sitios web permiten que te suscribas a su contenido de manera que, cuando publican un nuevo artículo o entrada, recibas una notificación. La tecnología que lo posibilita, **RSS**, ofrece a distintos programas **lectores de RSS** la posibilidad de suscribirse a su contenido y que estos gestionen las suscripciones.

Aunque es habitual que los sitios habiliten esta funcionalidad, que lo esté depende de las personas propietarias de los sitios. Estos podrían no estar interesados en habilitarlo porque cuando visitas el sitio web, recibes publicidad y mejoras su posicionamiento en las búsquedas; sin contar con que, durante la visita, es probable que vayas a otras publicaciones y aumentes tu tiempo en el sitio web.

La tecnología RSS (*really simple syndication*, suscripción realmente simple) permite que «Internet trabaje para ti». Antes, los navegadores incorporaban la posibilidad de gestionar las suscripciones, pero en estos momentos se han deshecho de esa funcionalidad y la han delegado en **extensiones** o **software adicional,** aparte de realizar estas suscripciones para que las notificaciones lleguen directamente a la bandeja de entrada de tu **correo electrónico** (que es la tendencia actual para este tipo de herramienta).

Si quieres utilizar esta herramienta y prefieres utilizar un **lector de RSS,** en vez de suscribirte al contenido y recibir la notificación de las actualizaciones mediante correo electrónico, estos son los **pasos** que debes seguir:

• **Instalación:** instala una extensión en tu navegador que te permita gestionar tus suscripciones o date de alta en un servicio que realice la misma función.

Es interesante encontrar un servicio que tenga versión web y app para dispositivos móviles al menos, si además tiene versión de extensión para tu navegador de referencia, mucho mejor. Uno de los más conocidos es **Feedly.**

- **Suscripción:** suscríbete al *feed* RSS del sitio del que te interesa estar al tanto. Normalmente, verás un icono que lo representa, el oficial o una interpretación de este o la etiqueta RSS.

- **Revisión:** utiliza tu software RSS para revisar las novedades de tus sitios de referencia.

Uno de los motivos por los que el uso de las aplicaciones de RSS ha disminuido es por el auge de las **redes sociales,** que han cambiado la forma en la que interactuamos con Internet y con cómo nos mantenemos actualizados. La utilización de las redes sociales en este contexto nos permite un acceso inmediato a las novedades, pero a cambio consumimos muchos recursos que no nos interesan en el proceso de búsqueda y los contenidos están filtrados por algoritmos que eligen lo que mostrar según las preferencias que han ido aprendiendo del uso.

Las **RSS** ha evolucionado para crear listas de suscripción directas en los que el sitio de referencia se encarga de notificarte de las novedades a través de una *newsletter* enviada al correo electrónico. Esta preferencia permite al sitio controlar y generar estadísticas relacionadas con el uso y el interés de los contenidos propias, además de crear una base de datos con la información de sus suscriptores.

2.5. Almacenamiento y recuperación de contenido digital

Los archivos pueden tener muchos orígenes y formatos diferentes, igual que puedes tenerlos almacenados en diferentes ubicaciones y dispositivos.

El **almacenamiento** es aquel lugar en el que se guarda y mantiene el contenido digital que tienes.

Actualmente, la opción más segura de almacenamiento es la **nube,** ya que te permite:

- Disponer de un espacio accesible y personal desde cualquier dispositivo con conexión a Internet.

- Poder tener un espacio de copia de seguridad de tus archivos, con atención 24/7.

- Trabajar de manera colaborativa al compartir archivos o carpetas con otras personas y según los permisos configurados.

Puedes acceder a la nube desde el navegador, desde una app específica del servicio de almacenamiento o desde la aplicación del escritorio de tu equipo informático (si lo has vinculado).

La aplicación de escritorio puede ser muy útil si quieres tener parte de los datos que almacenas en tu equipo sincronizado con tu espacio de almacenamiento en la nube, de tal manera que esta actúe como espacio de seguridad; la información que contenga el equipo se transfiere (sincroniza) con tu espacio en la nube, de forma transparente para ti.

Los servicios de almacenamiento tienen una limitación de espacio, por lo que en ocasiones no es una buena opción para compartir archivos de gran tamaño. Existen otras utilidades, también gratuitas, que permiten enviar y compartir esos archivos.

WeTransfer es el servicio de transferencia de archivos más conocido. Existe también la opción de **ydray,** otra empresa dedicada a transferir archivos grandes. En este caso, cuenta con servidores ubicados en España. Escanea el código QR y descubre las funcionalidades de ydray.

En cuanto a la recuperación del contenido digital, se podrá recuperar un archivo o carpeta eliminada siempre que no se haya eliminado permanentemente o vaciado la papelera de reciclaje[3]. El archivo eliminado permanecerá disponible dentro de la papelera.

Si has borrado accidentalmente una carpeta de tu espacio en la nube, para recuperarla, tendrás que consultar el servicio de almacenamiento en la nube que utilizas, este puede tener implementada una papelera. En ese caso, podrás restaurar la carpeta y su contenido. Por ejemplo, los archivos borrados en Google Drive o en Microsoft OneDrive pueden recuperarse hasta 30 días después de ser eliminados.

---

[3] Podrás ampliar los conocimientos sobre cómo recuperar y vaciar la papelera de reciclaje en el subepígrafe 6.1.4. Otras tareas de mantenimiento de la unidad 6.

CONCLUSIONES

En esta unidad didáctica has aprendido que:

- Existen varios navegadores web en el mercado que se pueden utilizar para buscar información en Internet sobre una temática concreta, pasando de un enlace a otro.

- Los navegadores más utilizados son Google Chrome, Safari, Microsoft Edge Firefox y Opera.

- Los navegadores tienen diferentes funcionalidades que permiten adaptarlos a las necesidades de los usuarios y agilizar la búsqueda y gestión de los sitios web a través de opciones como la página de inicio, las pestañas o el historial.

- A través de los buscadores, los usuarios podrán encontrar información en Internet.

- Al utilizar los buscadores, es importante conocer y aplicar unas pautas básicas relacionadas con las palabras clave y los operadores para obtener resultados más precisos y aprovechar al máximo el tiempo en la Red.

- En la actualidad, el servicio de almacenamiento de contenidos digitales más seguro es la nube, pues permite trabajar o enviar y recibir archivos con facilidad, además de estar soportado por servidores gestionados por empresas especializadas.

AUTOEVALUACIÓN

1. El conjunto de documentos distribuidos, interconectados y accesibles a través de Internet, constituyen la…

a. Red.
b. URL.
c. World Wide Web.
d. Página web de una empresa.

2. En un navegador, ¿se pueden abrir distintas sesiones de navegación?

a. No, es imprescindible cerrar una sesión antes de abrir otra.
b. No, a no ser que se utilicen navegadores diferentes.
c. Sí, si accedes al historial y abres sesiones antiguas.
d. Sí, mediante el uso de distintas pestañas.

3. ¿Puedes realizar, a través de un motor de búsqueda, una búsqueda por imágenes?

a. Sí, pero es necesario tener conectada al equipo una cámara web para hacer la foto.
b. Sí, siempre y cuando la imagen se encuentre en la Web.
c. Sí, a través de una búsqueda inversa.
d. No, los motores de búsqueda solo son capaces de procesar texto.

4. Todos los recursos que se descargan de la Red tienen que ser almacenados.

a. Verdadero.
b. Falso.

5. Ahora que has aprendido sobre el operador guion (-) y cómo puede ayudarte a eliminar términos no deseados de tus resultados de búsqueda, es momento de poner en práctica esta técnica. Sigue las instrucciones a continuación:

- Utiliza la frase exacta "Beneficios del ejercicio físico" como base para tu búsqueda en Google.

- Identifica al menos tres términos que deseas excluir de tus resultados de búsqueda. Estos términos deben ser irrelevantes para los beneficios del ejercicio físico.

- Haz una búsqueda en Google utilizando el operador guion (-) para eliminar los términos que seleccionaste.

- Analiza los resultados obtenidos y evalúa si son más relevantes y útiles para comprender los beneficios del ejercicio físico después de haber aplicado el operador guion.

- Explica con detalle los pasos que has dado para llegar a la conclusión.

SOLUCIONES

1. c. World Wide Web o red informática mundial es la denominación global del conjunto de documentos distribuidos, interconectados y accesibles a través de Internet.

2. d. El uso de pestañas, presentes en todos los navegadores, permiten abrir distintas sesiones de navegación, de manera que puedes acceder a distintos resultados de búsqueda u otras operaciones, mediante el intercambio de pestañas.

3. c. Podemos buscar utilizando una imagen que tengamos almacenada en un dispositivo de almacenamiento, en la nube o bien facilitando su URL; a esta forma se la conoce como búsqueda inversa.

4. b. Depende del tipo de recurso y de la acción que hayas elegido: ver, guardar, ejecutar.

5. Al realizar la búsqueda con el tema "Beneficios del ejercicio físico" y utilizando el operador guion (-) se pueden excluir varios términos, por ejemplo, "Lesiones", "Gimnasios" y "Lesiones deportivas". De este modo, se obtendrá una consulta de búsqueda como esta:

"Beneficios del ejercicio físico" -Lesiones -Gimnasios -"Lesiones deportivas".

Después de buscar, se analizarán los resultados obtenidos y se evaluará si son más relevantes y útiles para comprender los beneficios del ejercicio físico, excluyendo términos que podrían desviar el enfoque de la investigación.

3 Uso de la comunicación

Objetivos

- Conocer las distintas herramientas que Internet te ofrece para poder comunicarte.
- Distinguir entre el correo webmail y los clientes de correo electrónico.
- Conocer los principales servidores de correo webmail y clientes de correo.
- Utilizar las distintas funciones del correo electrónico para el envío y recepción de mensajes.
- Identificar los distintos tipos de protocolos en los clientes de correo.
- Identificar las aplicaciones para realizar videoconferencias.
- Realizar videoconferencias con los servicios más habituales.
- Conocer la importancia de una presencia cuidada en la Red.

Contenidos

3. Uso de la comunicación
    3.1. Elementos de la comunicación
    3.2. El correo electrónico
        3.2.1. Webmail
        3.2.2. Configuración de correo POP, IMAP y SMTP
    3.3. Videoconferencias básicas (Skype y Google Meet)
        3.3.1. Skype
        3.3.2. Google Meet
    3.4. Identidad digital

3.1. Elementos de la comunicación

La comunicación a lo largo de la existencia del ser humano ha ido evolucionando y los medios utilizados antiguamente no tienen nada que ver con los actuales. La comunicación digital se ha convertido en algo imprescindible tanto en el ámbito personal como profesional. Hoy en día, puedes conectarte prácticamente desde cualquier parte del mundo y en cualquier momento, ya sea para comunicarte con amistades, familia, clientes o proveedores, a través de un correo electrónico, una videoconferencia o las redes sociales.

De esta forma, hemos pasado de utilizar las herramientas analógicas a las digitales, donde Internet representa el medio a través del cual utilizamos distintas aplicaciones.

Aunque existen avances, los **elementos del proceso comunicativo** siguen siendo los mismos:

- **Remitente:** persona que emite el mensaje. Si envías un correo electrónico a otra persona, tú eres el remitente.

- **Receptor:** persona o personas a quien va dirigida la comunicación. La persona receptora puede ser la destinataria del mensaje del correo anterior.

- **Mensaje:** es la información que quien emite quiere transmitir a quien recibe. Por ejemplo, en el correo electrónico, el mensaje podría ser que quieres que te confirmen si la otra persona estará libre el día 9 a las 16:00 para una videoconferencia.

- **Canal:** es el medio por donde se transmite el mensaje de quien emite hacia quien recibe. Por ejemplo, en el correo electrónico y el resto de los medios digitales, puedes considerar que Internet constituye el medio; si tu mensaje es oral, el medio será el aire.

- **Código:** es el sistema de signos común a las personas que intervienen en el proceso de comunicación.

- **Retroalimentación:** es la respuesta de quien recibe envía a quien emite. Para que realmente haya un proceso de comunicación, tiene que existir retroalimentación, ya que esta determina la efectividad de los mensajes que envíes. En el caso de no haber retroalimentación estarías ante un proceso de información.

• **Contexto:** es el lugar en el que se produce el proceso de comunicación. Por ejemplo, en un aula virtual.

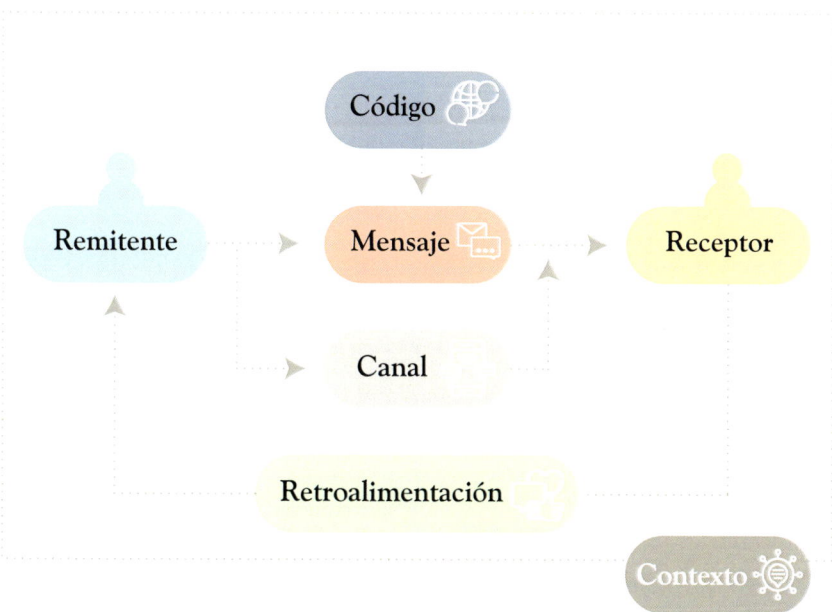

El mundo digital ofrece muchas herramientas de comunicación, pero las básicas y principales son el correo electrónico y la videoconferencia. En los siguientes apartados descubrirás en qué consisten.

3.2. El correo electrónico

El **correo electrónico** o *e-mail* es un sistema que permite el intercambio de mensajes y archivos a una o varias personas, mediante una red de ordenadores.

Al igual que en el correo postal, el correo electrónico se envía entre personas, especificando la dirección del correo de a quien se le envía. Siguiendo con esta comparación, los buzones donde se depositan y recogen las cartas, en el caso del correo electrónico, son servidores, desde los cuales se envían y reciben los mensajes.

La facilidad de uso para comunicarse a grandes distancias es una de sus principales ventajas. Cabe destacar que este medio tiene un poderoso potencial financiero como herramienta de marketing. Las campañas por correo electrónico son una de las formas más económicas y productivas de mantener a los clientes en contacto con los productos y servicios que le interesan.

Además de estas, el correo electrónico tiene una serie de características que le han convertido en uno de los medios de comunicación más utilizados en Internet. Estas **características** son:

- **Rapidez:** desde el momento del envío hasta el de la recepción, por regla general, pasan pocos minutos, siendo muchas veces casi instantáneo.

- **Comodidad:** puedes enviar un correo desde tu dispositivo móvil o desde tu ordenador sin necesidad de tener que desplazarte. Puedes guardar el correo y consultarlo en cualquier momento, saber la fecha y hora de envío, reenviarlo a otra persona, imprimirlo, etc.

- **Economía:** el coste de conexión a Internet la abonas, hagas uso o no del servicio, por lo que el coste del envío del correo ya está incluido en la cuota mensual que pagas por tu conexión a Internet. No está sujeto a un pago específico por su uso.

- **Flexibilidad:** es un tipo de comunicación asíncrona, la persona destinataria no tiene que estar conectada en el momento del envío, podrá consultar sus mensajes de correo electrónico en un momento diferente.

- **Envío de ficheros:** además del mensaje, puedes enviar ficheros de cualquier tipo (imagen, documento texto, hoja de cálculo, etc.).

El origen del correo electrónico es anterior a Internet, cuando, en el Instituto Tecnológico de Massachusetts (MIT), un grupo comenzó a enviarse mensajes a través de una red privada en 1965. Se conocía como *mailbox*.

Las **direcciones de correo electrónico** permiten identificar una cuenta de correo de forma única. De este modo, no puede haber dos cuentas de correo con el mismo nombre y dominio. Las cuentas de correo pueden pertenecer a una persona o a una empresa o entidad. Por ello, para poder enviar un correo electrónico, debes conocer la dirección de correo exacta, porque en caso de que escribas de forma incorrecta la dirección, la otra persona no lo recibirá.

Presta atención a la siguiente imagen para descubrir la **estructura de la dirección de correo electrónico:**

1. **Nombre de registro:** identifica a la persona, entidad o departamento que se ha dado de alta en el servicio de correo.

2. **Arroba:** separa el nombre de usuario del dominio.

3. **Dominio:** proveedor donde se ha creado la cuenta de correo. No se puede cambiar. Está formada normalmente por el nombre de la empresa y, a continuación, un punto y una extensión (com, gal, es, etc.).

En las direcciones de correo electrónico no se distinguen mayúsculas y minúsculas, por lo que podrás escribir en mayúsculas la dirección de un correo y este llegará igualmente a la persona destinataria.

Puedes **acceder a un servicio de correo electrónico** a través del navegador, accediendo a la página que el proveedor del servicio de correo ha habilitado para ello, o mediante una aplicación de gestión de correo electrónico. Cada uno presenta ventajas e inconvenientes. Presta atención a la siguiente tabla para descubrirlas:

	Ventajas	Inconvenientes
Acceso al correo desde navegador	- Se puede acceder al correo desde cualquier ordenador que tenga acceso a Internet. - No necesita ser configurado. - Facilidad de uso.	- Menos funcionalidades. - La conexión debe ser durante todo el tiempo que gestionas el correo.
Acceso al correo desde aplicación	- No es necesario estar conectado a Internet, para gestionar el correo. - Mayor funcionalidad.	- Se debe instalar y configurar el cliente la primera vez que se usa.

La mayoría de los proveedores de correo electrónico posibilitan el acceso a sus cuentas desde ambos servicios. El hecho de escoger uno de ellos no excluye al otro: puedes consultar tu correo vía web desde un dispositivo no habitual y luego gestionarlo a través de un cliente de correo electrónico como Outlook.

Al igual que cuando estás en una conversación física con una o más personas, guardas unas normas o te comportas de una determinada forma según el ámbito de la conversación y la confianza que tengas con ellas, cuando empleas el correo electrónico también debes guardar unas normas en función de los mismos parámetros: personas destinatarias y ámbito de la conversación.

En la Red, de forma general, existen un conjunto de normas que regulan el comportamiento de las personas a la hora de comunicarse. Se les conoce con el nombre de **Netiqueta** y son muy sencillas. Las principales son:

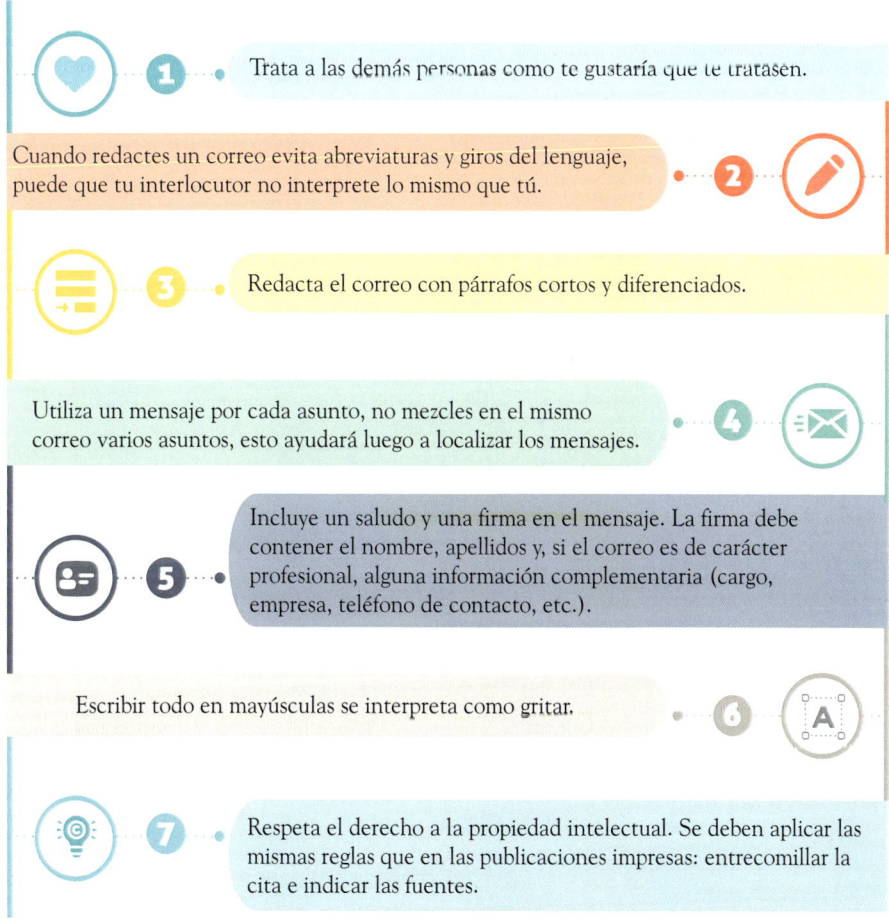

1. Trata a las demás personas como te gustaría que te tratasen.

2. Cuando redactes un correo evita abreviaturas y giros del lenguaje, puede que tu interlocutor no interprete lo mismo que tú.

3. Redacta el correo con párrafos cortos y diferenciados.

4. Utiliza un mensaje por cada asunto, no mezcles en el mismo correo varios asuntos, esto ayudará luego a localizar los mensajes.

5. Incluye un saludo y una firma en el mensaje. La firma debe contener el nombre, apellidos y, si el correo es de carácter profesional, alguna información complementaria (cargo, empresa, teléfono de contacto, etc.).

6. Escribir todo en mayúsculas se interpreta como gritar.

7. Respeta el derecho a la propiedad intelectual. Se deben aplicar las mismas reglas que en las publicaciones impresas: entrecomillar la cita e indicar las fuentes.

Ahora que ya conoces las principales características del correo electrónico, la estructura de las direcciones de correo y las principales formas de acceso es el momento para descubrir en los siguientes apartados cómo crear una cuenta *webmail* y cómo configurar correctamente tu correo electrónico.

3.2.1. Webmail

A lo largo de este apartado vas a aprender a crear y configurar tu propia cuenta de webmail, a enviar correos electrónicos y a gestionar tus carpetas de correo.

En primer lugar, es importante que conozcas los proveedores de correo electrónico. Estos ofrecen dos modalidades de acceso a sus servicios una básica sin coste y otra de pago, que ofrece más prestaciones y funcionalidades (mayor capacidad de almacenamiento, acuse de recibo del correo, etc.).

Las empresas obtienen beneficios de servicios de correo electrónico. Aunque no haya coste del servicio, cuando un usuario se da de alta, aporta sus datos personales, los cuales serán utilizados, con distintos propósitos, según los términos y las condiciones asociados al servicio.

Los tres grandes proveedores internacionales de correo electrónico gratuito son: Gmail, Yahoo! y Outlook. Presta atención a la siguiente tabla y descubrirás las principales **características** de estos proveedores:

	Gmail	Yahoo!	Outlook
Almacenamiento del buzón de correo	15 GB	100 GB	15 GB
Almacenamiento en la nube		Solo vía entidades externas: Dropbox o Google Drive	5 GB
Volumen máximo para los archivos adjuntos	25 MB	34 MB	34 MB
POP3	Sí	Sí	Sí
IMAP	Sí	Sí	Sí
Ubicación de los servidores	Se desconoce la ubicación	Se desconoce la ubicación	Se desconoce la ubicación
Política europea de protección de datos	No	No	No

No olvides nunca que los datos y características de los servicios y aplicaciones pueden variar en cualquier momento, ya que las prestaciones de estos quedan a criterio del proveedor.

A continuación, aprenderás a **crear y configurar una cuenta de correo electrónico.** Para ello, nos basaremos en **Gmail,** uno de los servicios de correo electrónico gratuito más utilizados. Configurar una cuenta gratuita de Gmail es un proceso rápido y fácil que lleva poco tiempo completar. A continuación, se encuentran las instrucciones paso a paso que debes seguir:

1. Accede a la página web de Gmail (https://www.google.com/intl/es/gmail/about/) y pulsa en el botón **Crea una cuenta.**

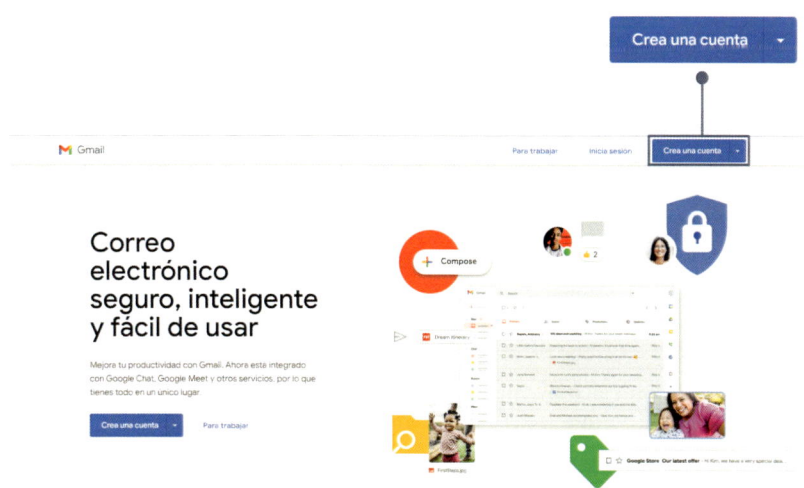

2. Introduce tu nombre y apellido en las cajas etiquetadas con esos rótulos. A continuación, te pedirá otros datos personales para proteger tu cuenta (fecha de nacimiento y género).

3. Ahora toca personalizar tu nombre de usuario o seleccionar alguna de las alternativas propuestas por Gmail. Tras ella, pulsa en **Siguiente** para continuar.

4. Escribe la contraseña por partida doble para su verificación. Te permitirá acceder a tu correo electrónico. La contraseña debe tener ocho caracteres y debe llevar letras, números y un símbolo. Pulsa en **Siguiente** para continuar.

5. Google te solicitará una dirección de correo electrónico para ponerse en contacto contigo si detecta actividad inusual en tu cuenta o no puedes iniciar sesión. Tras ello, te pedirá revisar la información de la cuenta creada.

6. A continuación, debes elegir tu configuración para que el sistema te ofrezca experiencias y servicios más personalizados. Puede ser exprés o manual. Puedes cambiarla en cualquier momento. Tras ello, deberás leer con atención cómo usarán los datos y aceptar o rechazar esa información.

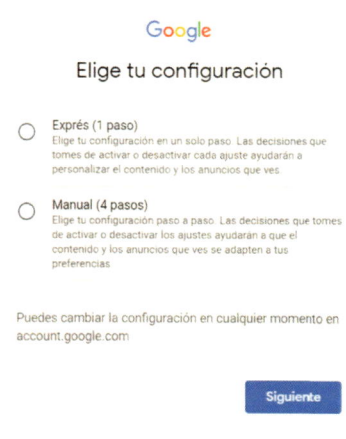

7. Uno de los pasos más importantes es la aceptación de las condiciones del servicio y las políticas de privacidad. Si no las aceptas, no podrás utilizar el servicio de correo electrónico. Lee con detenimiento las condiciones para saber cómo van a utilizar tus datos.

8. ¡Cuenta creada! Ya puedes empezar a utilizar tu cuenta de Gmail.

Una vez creada la cuenta de correo electrónico en el servicio de Gmail e independientemente del servicio que hayas utilizado, debes tener claras para trabajar dos **acciones básicas:**

• **Acceder:** ir a la web de Gmail. Ahora introduce tu usuario y contraseña y podrás acceder a la pantalla inicial de tu correo electrónico.

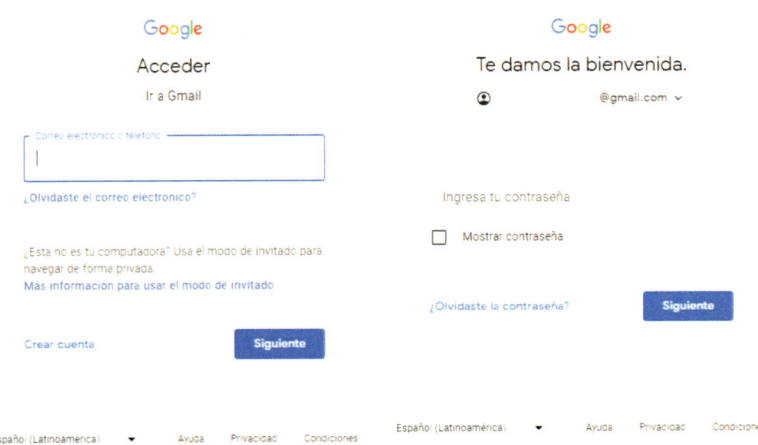

• **Cerrar sesión:** en la parte superior derecha de cuenta de Gmail, pulsa en el botón **Cuenta de Google**. En el desplegable, pulsa en el botón **Cerrar sesión**.

Ahora que ya puedes enviar y recibir correos electrónicos, es necesario que conozcas y apliques las siguientes **normas relacionadas con el formato de los correos:**

- **Longitud:** el correo debe ser breve y conciso, con el detalle suficiente para que no se produzcan interpretaciones erróneas del mensaje.

- **Saludo:** en función del ámbito y personas destinatarias, utiliza una u otra fórmula de saludo inicial.

- **Gramática y ortografía:** evita los errores tipográficos, ortográficos o construcciones incorrectas. Es una buena práctica revisar el texto antes de enviarlo o tener instalado un corrector ortográfico que nos señale las palabras que no están en su diccionario.

- **Formato:** para favorecer la lectura del correo, puedes recurrir a los ajustes de formato. Por defecto, el tipo de letra y tamaño vienen ajustados, pero siempre puedes cambiarlo a tu gusto o a los ajustes corporativos de tu entidad.

- **Tono:** ten en cuenta que en el correo electrónico no dispones de la comunicación no verbal. Por ello, usa con cuidado alusiones satíricas, irónicas y humorísticas.

También es importante que sigas los siguientes **pasos para redactar un nuevo correo electrónico.** Presta atención a la siguiente imagen para descubrirlos:

1. Pulsa en el botón **Redactar** para iniciar la acción. Esto abrirá una nueva ventana en el navegador: **Mensaje nuevo,** ahí podrás escribir el mensaje.

2. **Para:** en este campo del mensaje tendrás que escribir la dirección de la persona destinataria. Puedes escribir más de una dirección separada por un punto y coma.

3. **CC:** campo opcional. Sirve para enviar una copia del mensaje a otras direcciones de correo para las que sea relevante.

4. **CCO:** en ocasiones, necesitaremos enviar un correo electrónico y poner en copia una dirección de la que no queremos que aparezca evidencia de que también ha recibido una copia del mensaje, para esto sirve la copia oculta.

5. **Asunto:** introduce una pequeña descripción del tema del correo. Este campo identifica el contenido del mensaje.

6. **Cuerpo del mensaje:** introducirás el texto explicando las motivaciones del correo que estás enviando.

7. Cuando hayas redactado el mensaje, pulsa en el botón **Enviar**.

Antes de enviar un correo electrónico, puedes aplicar ajustes de formato. Los puedes realizar a medida que vas escribiendo el texto, antes de escribirlo o antes de enviarlo. Aplica un formato básico del correo electrónico para que la persona receptora pueda realizar una lectura más rápida del contenido, por ejemplo, resaltando en negrita las palabras clave.

Otras opciones de formato que suelen permitir la mayoría de los proveedores son: cambiar el tipo, tamaño y color de la fuente tipográfica; además del uso de la negrita, cursiva y subrayado, o la alineación del texto.

Otra de las funcionalidades que permiten es **adjuntar archivos.** Al adjuntar ficheros al correo debes tener en cuenta el tamaño máximo que el proveedor de correo te permite enviar. En el caso de Gmail, no pueden superar los 25 GB. Esta opción la tendrás disponible con el símbolo de un clip. Si pulsas sobre él, se mostrará una ventana para la carga de archivos para que lo selecciones, una vez adjuntado, volverás al mensaje.

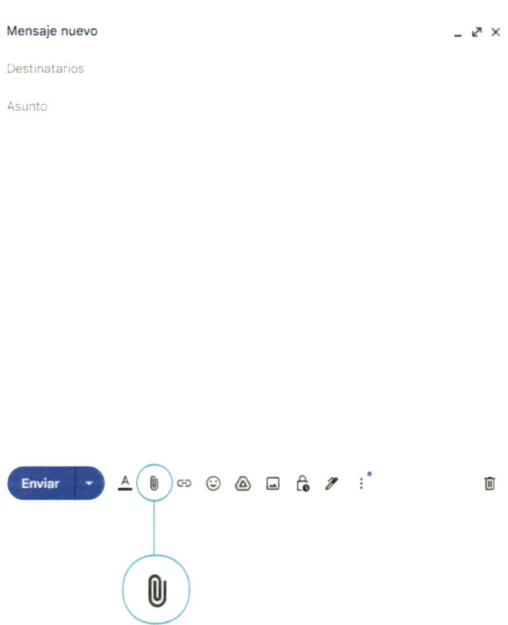

Aparte de enviar mensajes, también los recibirás. Si necesitas contestar a uno, no es necesario que crees un correo nuevo, tienes la opción de **responder mensaje.** La diferencia es que cuando respondes con este segundo sistema, se agrupa al mensaje original tu respuesta. De esta forma, tendréis en el mismo mensaje todo el hilo de la conversación.

Aparte de la opción **Responder**, también tienes la opción **Responder a todos** los correos cuando hay más de dos personas en la conversación. Así, el mensaje lo recibirán todas las direcciones de correo que aparezcan en **Para**, **CC** y **CCO** del mensaje original.

Ahora que ya conoces las opciones que tienes a la hora de redactar un mensaje, es el momento de que conozcas cómo **gestionar tus carpetas de correo,** para lo que tienes que identificar las diferentes carpetas que utilizará el proveedor para organizar los correos que envíes y los que recibas:

• **Enviados:** los mensajes que envías se almacenan en la carpeta **Enviados**.

• **Recibidos:** los correos que recibas se almacenarán en la carpeta **Recibidos** o **Bandeja de entrada**.

• **Papelera:** los mensajes que no quieras guardar, puedes eliminarlos. Ten en cuenta que, al eliminar un mensaje, se guardará en la papelera durante 30 días, después se eliminará definitivamente. Durante este tiempo, tienes la posibilidad de recuperar el mensaje eliminado, solo tienes que ir a la carpeta de papelera, seleccionarlo y moverlo a la carpeta de recibidos. Desde la papelera también tienes la opción de vaciarla y eliminarlos definitivamente de forma manual.

3.2.2. Configuración de correo POP, IMAP y SMTP

Recuerda que, se puede acceder a una cuenta de correo electrónico, a través de una página web o de un cliente de correo.

El **cliente de correo** es un programa que se instala en el ordenador para las cuentas de correo electrónico a través de él.

Los clientes de correo electrónico de escritorio te van a permitir gestionar diferentes cuentas de correo. Estos programas se encargan de enviar y recibir los mensajes, por lo que es necesario tenerlas abiertas para poder trabajar con ellas.

La principal diferencia con los servicios webmail es que los correos enviados y recibidos se almacenan de forma física en el ordenador. Esto te permite poder consultar o redactar los mensajes sin necesidad de estar conectado a Internet. Solo necesitarás conectarte para el envío o recepción de nuevos mensajes.

Cualquier usuario que tenga una cuenta de correo electrónico puede utilizar un cliente de correo, pero principalmente se aconseja para personas con las siguientes **características:**

- Dispongan de varias cuentas de correo que deseen gestionarlas desde una sola aplicación.

- Necesiten realizar copias de seguridad de los mensajes.

- Precisen aplicar ciertas medidas de protección a sus mensajes como, por ejemplo, firmarlos digitalmente.

- Deseen tener acceso a la cuenta desde el ordenador y, al mismo tiempo, desde la Web, porque ambas opciones de acceso son compatibles.

- Tengan unas necesidades de organización que los clientes web no cubren.

- Quieran tener a la vista una cuenta de correo personal y otra profesional.

- Tengan que gestionar varias cuentas de correo de proveedores diferentes.

Para poder configurar uno de estos programas, primero se debe tener en cuenta el protocolo con el que se comunicarán el programa y el servidor del correo electrónico.

Un **protocolo** es un conjunto de normas que permite la comunicación entre ordenadores; mediante el protocolo se establecen la forma de identificar a estos en la Red, la forma de transmisión de los datos y la forma en que la información debe procesarse, entre otros aspectos.

Los sistemas que gestionan el correo electrónico utilizan tres **protocolos principales:**

- **SMTP** (*simple mail transfer protocol,* **protocolo para transferencia simple de correo**)**:** se emplea para gestionar el correo saliente y normalmente trabaja de forma conjunta con los protocolos POP y SMTP.

  Los tres **comandos** básicos que definen su funcionamiento son:

  - MAIL: es el usado para el establecimiento de la dirección del remitente que envía los mensajes.

  - RCPT: es el encargado de establecer el destinatario/a del mensaje.

  - DATA: cumple la función de enviar el contenido escrito en el cuerpo del mensaje (*body*).

- **POP** (*postal office protocol,* **protocolo de oficina de correo**)**:** se encarga de descargar los mensajes de correo en tu ordenador o dispositivo móvil. Desde ese momento quedarán almacenados y organizados en las carpetas que hayas creado o configurado en tu dispositivo. Una vez que se han descargado del servidor de correo los correos, solo serán accesibles desde el dispositivo local desde el que has realizado la consulta, ya que, por defecto, el servidor los eliminará.

  El funcionamiento de este protocolo tiene como ventaja que puedes acceder a tu correo sin necesidad de acceder al servidor. Por el contrario, tiene el inconveniente que consume espacio local y que no puedes ver tu correo desde varios dispositivos. Además, si el equipo local se avería puedes perder toda la información que hayas guardado en tu correo.

- **IMAP** (*internet message access protocol,* **protocolo de acceso a mensajes en Internet**)**:** es el otro protocolo que permite recibir correo; trabaja directamente sobre el servidor de correo electrónico; es decir, se encarga de que puedas recibir copia de los mensajes almacenados en el servidor desde el cliente de correo. No descarga los mensajes en el dispositivo, sino una copia. Los originales se mantienen en el servidor.

  Es el protocolo que usan los clientes de correo web y, es el recomendado cuando te conectes desde diferentes dispositivos.

Para la gestión del correo entrante podrás escoger entre el protocolo IMAP y POP. Para facilitarte la elección una pequeña tabla extraída de la web Riseup, con las características de cada uno para que puedas elegir cuál consideras más adecuado para configurar en tu cuenta de correo.

Después de profundizar en la definición de cliente de correo y los protocolos que se utilizan para la gestión del correo entrante y saliente, solo queda decidir cuál instalar en el dispositivo y configurarlo.

Una opción es **Mozilla Thunderbird,** un cliente de correo electrónico desarrollado por la Fundación Mozilla, libre y de código abierto que puede instalarse en la mayoría de los sistemas operativos. Además, tiene funcionalidades relacionadas con las RSS y servicio de chat. Entre sus **características** destacan:

- Permite la organización de correos en carpetas.

- Se pueden etiquetar los mensajes: por hacer, importante, favorito, etc.

- Dispone de un historial de mensajes, recorriéndolos al estilo de un navegador.

- Tiene la funcionalidad de búsqueda de mensajes integrada en el propio cliente.

- Acceso al historial de búsquedas como si fuera una carpeta más.

- Sus notificaciones de recepción de correo muy claras.

- Se integra en Gmail perfectamente.

- Viene con protección *antiphishing* (fraude).

- Tiene control de la privacidad.

- Cuenta con un filtro de correo basura integrado.

- Actualizaciones automáticas.

- Posee cientos de plugin y complementos para personalización de funciones.

- Se pueden gestionar distintas opciones de plantillas de correos electrónicos.

¿Quieres instalar el cliente de correo **Thunderbird**? Escanea el código QR y descarga este programa gratuito. Podrás instalarlo siguiendo las indicaciones del asistente y ajustar la configuración. Para ello, deberás decidir el protocolo para la descarga de los correos POP o IMAP. Cuando lo hayas decidido, podrás comprobar que se ha conectado la cuenta de con el cliente de correo electrónico Thunderbird. Puedes acceder a tu cuenta desde esta aplicación utilizada desde tu portátil, por ejemplo, y también desde tu dispositivo móvil, con otro protocolo y configuraciones diferentes.

No importa el medio que emplees para acceder a tu correo electrónico, tanto si es un cliente de correo que has instalado en tu dispositivo, como si accedes desde un navegador web, tienes la posibilidad en ambos de realizar cambios que ajustan aspectos relacionados con la comunicación con el servidor, la forma de visualizar los correos, de almacenarlos o de encadenar las conversaciones en el mismo mensaje.

3.3. Videoconferencias básicas (Skype y Google Meet)

Dentro de la comunicación digital una de las herramientas más utilizadas es el correo electrónico, un sistema de comunicación asíncrona, ya que personas usuarias no tienen que estar conectados a la red al mismo tiempo. Si necesitas una comunicación en la que las personas participantes estén conectadas en el mismo momento, entonces una de las herramientas síncronas más empleadas es la videoconferencia.

La **videoconferencia** es un sistema de comunicación simultánea y bidireccional, que te permite una interacción visual, auditiva y oral con personas de cualquier parte del mundo mediante una red (Internet).

Hasta llegar a su uso generalizado, esta ha sido la **historia de la videoconferencia:**

- **1927:** la primera videollamada de la historia se hizo el 7 de abril de 1927. Herbert Hoover, secretario de comercio estadounidense, realizó una llamada telefónica experimental de una sola vía hacia un laboratorio neoyorquino. Hoy sabemos que parte de su mensaje fue «Hoy tenemos, en cierto sentido, la transmisión de la vista por primera vez en la historia mundial».

- **1964:** AT&T crea el primer videoteléfono comercial, un aparato precario en todos los sentidos ya que, además de la mala calidad de imagen y la inexistencia de técnicas de compresión de vídeo, se unía un costo extremadamente elevado para la época.

- **Década de los 80:** gracias al desarrollo de la RDSI (red digital de servicios integrados) y, en general, al desarrollo de las redes digitales de transmisión de telefonía, surge la videoconferencia. El desarrollo de la red digital propicia una velocidad mínima (por lo general 128 kb/s) para vídeo comprimido y transmisión de audio. Durante esta década de se siguieron investigando las formas de vídeo digital y comunicación de audio.

- **Década de los 90:** los sistemas de videoconferencia en los 90 evolucionaron rápidamente desde costosos equipos de propiedad, software y requisitos de red hasta una tecnología de base normal a disposición del público en general a un costo razonable. En esta década la videoconferencia basada en IP (*internet protocol*, protocolo de Internet) se hizo posible y se desarrollaron tecnologías de compresión de vídeo más eficaces, permitiendo videoconferencias desde un dispositivo TIC personal.

- **Década del 2000:** las videollamadas se popularizaron a través de servicios de Internet gratuitos como Skype o iChat, ya que solo es necesaria una conexión a Internet. En el año 2005 aparecen los primeros sistemas de alta definición de vídeo, característica convertida en estándar, siendo ofrecida por la mayoría de los proveedores importantes en el mercado de la videoconferencia.

- **2020:** la pandemia por la Covid-19 incrementó el uso de las videollamadas por Internet. Los proveedores de este tipo de servicios experimentaron niveles de récord en cuanto al tráfico de usuarios. El teletrabajo y el confinamiento fueron factores clave para implementar estas herramientas en las organizaciones y en la vida personal.

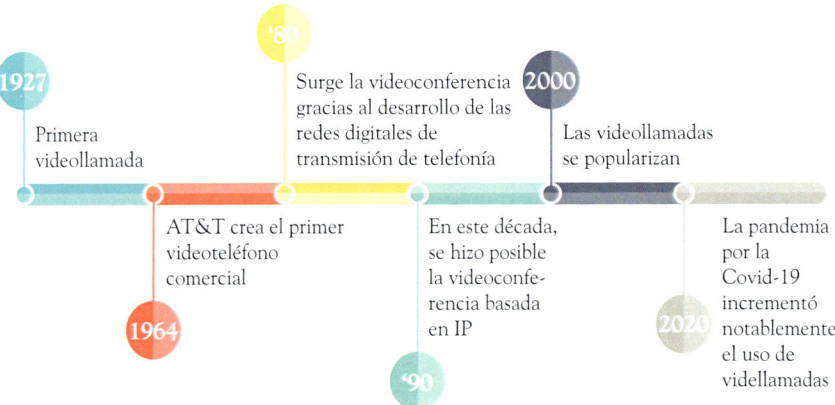

Actualmente, casi todas las personas llevan un sistema de videoconferencia en el bolsillo. Centradas en el ámbito laboral, estas son algunas de las **utilidades o aplicaciones** de las videollamadas o videoconferencias:

- **Entrevistas de trabajo:** herramienta idónea para los procesos de selección.

- **Demostración de productos:** puedes utilizar la videollamada para presentar nuevos productos o contactar con nuevos clientes para una primera toma de contacto, dando a conocer tus productos o servicios que prestas, realizando en tiempo real demostraciones, si el producto o servicio lo permite.

- **Teletrabajo:** cada día son más las empresas y públicas que implementan el teletrabajo. A través de la videoconferencia puedes seguir en contacto con tus compañeros y compañeras de trabajo para consultar o comentar tareas.

- **Reuniones:** si de esta forma evitamos el desplazamiento de personas con el consiguiente ahorro de tiempo y dinero.

- **Gestión del personal:** cuando las actividades de una empresa se desarrollan a través de equipos de trabajo distribuidos en distintas localizaciones, las videoconferencias permiten gestionar estos equipos igual que de forma presencial.

- **Formación:** la videoconferencia es una herramienta que permite comunicarse a docentes y alumnos, igual que en una clase presencial. Su implantación en este ámbito permite la grabación de la videoconferencia para su revisión posterior por parte del alumnado o de las personas interesadas.

Asimismo, las **ventajas** de la videoconferencia son las siguientes:

- Facilitan la comunicación.
- Permiten compartir información en tiempo real.
- Ahorran tiempo y coste de desplazamientos.
- Permiten compartir ideas.
- Rompen con las distancias.
- Posibilitan una comunicación visual interactiva.

La videoconferencia es un recurso muy utilizado, tanto en el ámbito personal como el profesional y conviene tener en cuenta algunas **recomendaciones:**

- **Usa una conexión mediante cable:** para garantizar una mayor estabilidad, si es posible, conecta tu equipo a Internet por cable. Además de menos interferencias, su velocidad de transmisión es mayor que a través de una red inalámbrica (wifi).

- **Utiliza auriculares con micrófono integrado:** conseguirás un mejor sonido y menos interferencias.

- **Conoce la aplicación:** antes de realizar una videoconferencia por primera vez, revisa la aplicación y averigua su funcionamiento básico. T ayudará a saber cómo resolver los pequeños problemas técnicos que puedan surgir.

- **Sé puntual:** al igual que una reunión presencial, en una videoconferencia debes ser puntual.

- **Revisa tu entorno:** en el ángulo de la cámara entra parte de lo que te rodea, revisa la iluminación natural o artificial de la habitación. Lo recomendable es utilizar una luz difusa, rebotada en la pared y, si es posible, frontal.

- **Mira a cámara:** acompaña tu conversación con los elementos de la comunicación no verbal que emplearías en una conversación cara a cara. Tu cámara debe estar a la altura de tus ojos.

- **Evita la multitarea:** presta atención a la persona con la que estás interaccionando.

- **Adecúa tu vestimenta:** trata de mantener una indumentaria adecuada para el contexto de la videoconferencia.

Existen varias aplicaciones para hacer videoconferencias. En esta tabla, descubrirás una comparativa de las más utilizadas:

Aplicación	N.º máximo de participantes en videoconferencia	Mensajería instantánea	Transferencia de archivos
Skype	Hasta 50 participantes	Sí	Sí
Google Meet	Hasta 100 participantes	Sí	Sí
Google Chat	Hasta 8 participantes	Sí	Sí
Microsoft Teams	Hasta 1000 invitados, llegando hasta 10 000 como asistentes de solo lectura.	Sí	Sí
Zoom	Hasta 100 participantes en el plan básico	Sí	Sí
WhatsApp	Hasta 4 participantes	Sí	Sí
Facebook Messenger	Hasta 6 participantes	Sí	Sí
FaceTime	Hasta 32 participantes	No	Sí

A continuación, nos centraremos en detallar el funcionamiento de las tres herramientas más utilizadas para las videoconferencias: Skype y Google Meet.

3.3.1. Skype

Skype es una aplicación de Microsoft que permite llamar, ver, enviar mensajes y compartir archivos con otros usuarios que usen la misma aplicación.

Esta aplicación ha sufrido cambios en los últimos tiempos y también ha variado su público objetivo al incorporar Microsoft a su solución empresarial, **Microsoft Teams,** las funciones que Skype ofrecía para las empresas.

Escanea el código QR y descubre las principales características que ofrece **Teams** y cómo amplía las características de Skype para facilitar la comunicación telemática de los equipos de trabajo.

Las principales **características** de Skype son:

- Llamadas de audio y vídeo de alta definición.

- Grabación de llamadas.

- Generación de subtítulos en directo.

- Respuesta de mensajes con reacciones diverticas o menciones (@nombre).

- Compartir pantalla.

- Cifrado de conversaciones para mantener la confidencialidad.

- Instalación en multitud de dispositivos.

Para **instalar Skype en un ordenador,** debes seguir los siguientes pasos:

1. Accede a la página de Skype, https://www.skype.com.es y pulsa en **Descarga Skype**, te redireccionará a la página de descarga de programa. Depende del dispositivo, te mostrará una opción de descarga u otra, en el navegador de un ordenador, te ofrecerá un QR para que lo descargues en el móvil desde las tiendas de aplicaciones.

2. Pulsa en el desplegable y selecciona la opción **Obtener Skype para Windows**.

3. Se iniciará la descarga del archivo ejecutable en la carpeta **Descargas**.

4. Ejecuta el archivo EXE y sigue las instrucciones del instalador del programa.

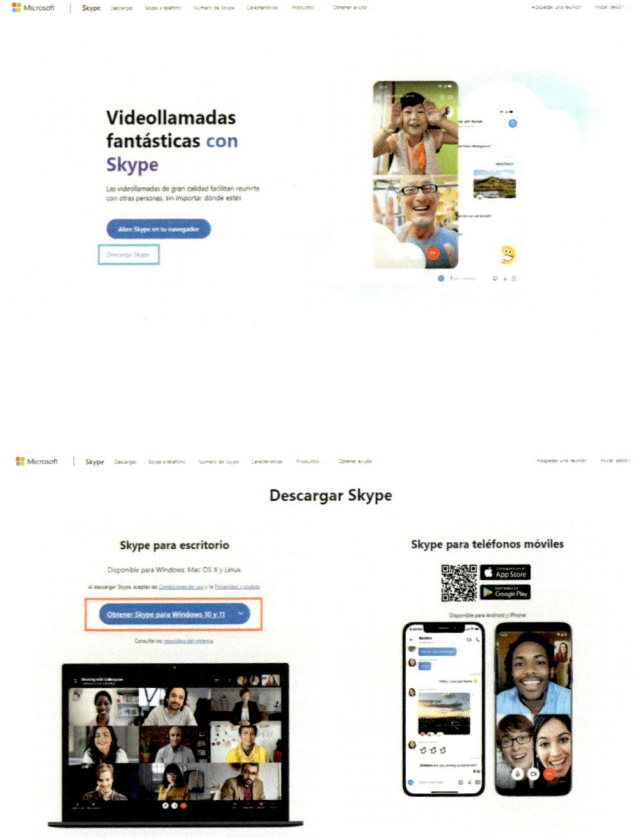

Ahora comienza el proceso de instalación:

1. Arranca la instalación siguiendo los pasos que indique el instalador. Cuando tengas Skype instalado, el programa iniciará automáticamente en la pantalla de bienvenida. Selecciona **Iniciar sesión o crear** para continuar.

2. Si ya tienes una cuenta de Microsoft, puedes iniciar sesión; si todavía no tienes una cuenta de correo electrónico con la que utilizar Skype, pulsa en **Crear una**.

3. Para crear la cuenta, puedes hacerlo introduciendo un número de teléfono o con una cuenta de correo electrónico. Para usar un correo nuevo, pulsa en **Usar una dirección de correo electrónico en su lugar**, y aparecerá un selector para elegir el servicio de correo, el predeterminado es @outlook.es. Introduce la dirección de correo y pulsa **Siguiente**.

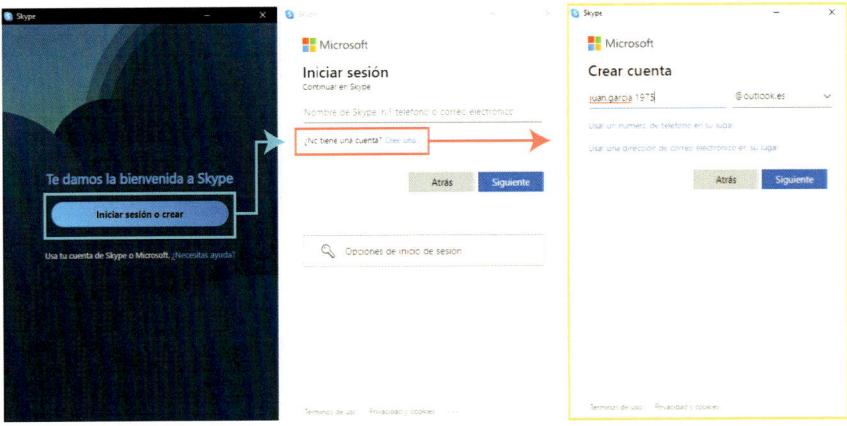

4. Avanza por la configuración, inserta la contraseña y pulsa **Siguiente**. A continuación, cumplimenta nombre y apellidos. Este dato permitirá que te encuentren otros usuarios dentro del servicio, es decir, es tu referencia en la agenda de direcciones de Skype. La siguiente información que se solicitará es la fecha de nacimiento. Una vez introducida, continúa con el proceso de instalación.

5. Para comprobar que eres una persona física y no un robot, Skype te lanzará un desafío, que puede ser visual o de audio. Cuando lo hayas resuelto, pulsa **Siguiente**.

6. En la última siguiente pantalla deberás insertar la imagen que te identificará, igual que tu nombre y apellidos. Pulsa en **Cargar foto** y localiza el archivo. Luego pulsa en **Continuar**.

7. Antes de finalizar, Skype te preguntará si quieres compartir los datos de diagnóstico y uso. Selecciona la opción con la que te sientas más a gusto.

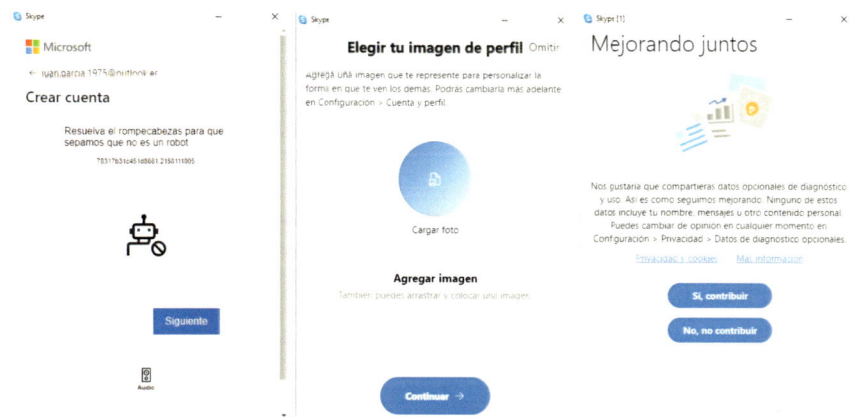

En el procedimiento de instalación y configuración, deberás **comprobar el audio, micrófono y altavoces**. Es conveniente hacerlo en este momento, aunque no se tenga previsto hacer ninguna llamada.

En la sección **Micrófono**, puedes **configurar** lo siguiente:

- Dispositivo predeterminado como micrófono.

- Nivel de volumen del micrófono.

- Opciones para ajustar de forma automática el micrófono.

En la sección **Altavoces**, puedes **configurar** lo siguiente:

- Altavoz actual.

- Nivel de audio usado.

Cuando tengas todo configurado, podrás acceder a la ventana de bienvenida de Skype.

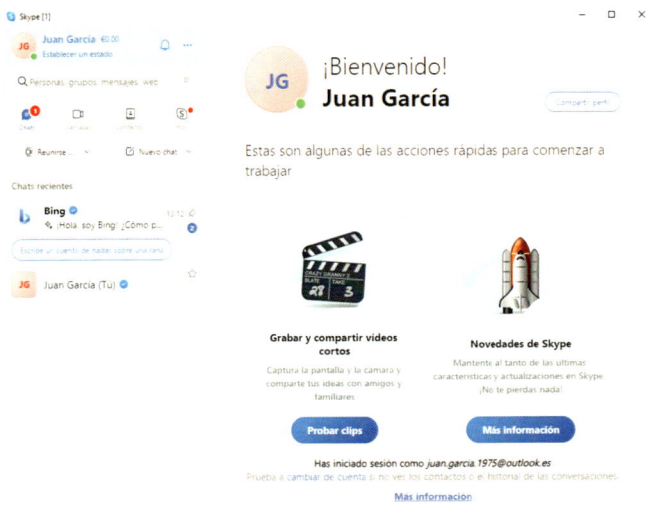

Si en algún momento necesitas cambiar alguno de los datos facilitados en el proceso de instalación y configuración de la aplicación, puedes modificarlos. Puedes hacerlo a través de la pantalla de bienvenida. Para ello, debes acceder a la configuración haz clic en los 3 puntos y, a continuación, selecciona **Configuración** para modificar los datos.

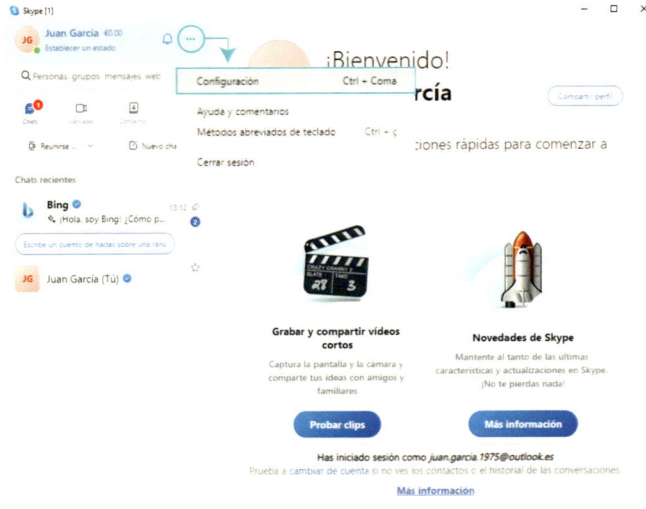

Ya has aprendido a instalar y configurar la aplicación para videoconferencias Skype, por lo que ahora solo te falta aprender **cómo utilizar la aplicación para realizar videoconferencias.** Descubrirás, a continuación, cómo agregar, editar o eliminar contactos y cuáles son las funciones básicas de Skype (empezar y finalizar videollamadas, y cerrar sesión en la aplicación).

Antes de esto, presta atención a la siguiente captura en la que se identifican los **elementos básicos de tu perfil de Skype:**

1. **Perfil del usuario:** información de la cuenta de usuario.

2. **Notificaciones:** avisos de la aplicación sobre actualizaciones y otros contenidos.

3. **Más:** acceso a la configuración, ayuda, modo de vista en dos paneles, comentarios y cierre de sesión.

4. **Personas, grupos, mensajes, web:** puedes buscar contactos nuevos o contactos de tu lista, los grupos creados y mensajes enviados y recibidos, y buscar en la Web.

5. **Chats:** consulta de chats de sesiones anteriores.

6. **Llamadas:** te permite realizar llamadas individuales o grupales, o usar el marcado para llamar a un teléfono fijo o móvil, una de las funcionalidades de pago de Skype.

7. **Contactos:** busca tus contactos en Skype, revisa quién está activo o invita a otras personas a participar en la aplicación.

8. **Hoy:** ofrece información personalizable sobre las últimas noticias y tendencias.

9. **Reunirse:** permite configurar un espacio de colaboración e invitar a contactos que tengan o no una cuenta en Skype.

10. **Nuevo chat:** inicia una conversación nueva, de grupo o privada.

Para poder comunicarte con cualquier persona que tenga Skype, lo primero que debes hacer es agregarla a tus contactos. Para **agregar un usuario a contactos de Skype,** debes dar los siguientes **pasos:**

1. En la caja de búsqueda inserta el dato del perfil de la persona que quieres encontrar. Puedes localizarla por su nombre, por usuario, por su dirección de correo o por su número de teléfono. Una vez insertado el dato, en la parte inferior aparecerá una lista del directorio de Skype con las personas usuarias que coincidan con lo insertado en la caja de búsqueda.

2. Para agregar el contacto, pulsa con el botón derecho del ratón encima de la persona usuaria que deseas añadir y luego pulsa en **Agregar contacto**.

Igual que cualquier agenda de contactos, la agenda de Skype es dinámica, es decir, los contactos pueden añadirse, editarse o eliminarse. Para **editar o eliminar un contacto,** debes dar los siguientes **pasos:**

1. Para editar o eliminar el contacto, haz clic con el botón derecho del ratón sobre él.

2. Haz clic en **Editar contacto.**

3. Puedes cambiarle el nombre e insertar o cambiar el número de teléfono.

4. Si deseas eliminar el contacto, haz clic en **Quitar de la lista de contactos.**

Antes de iniciar la videollamada, haz las comprobaciones del hardware relacionadas con el audio y vídeo. Para **empezar y finalizar una videoconferencia** fíjate bien en los **pasos** que debes seguir:

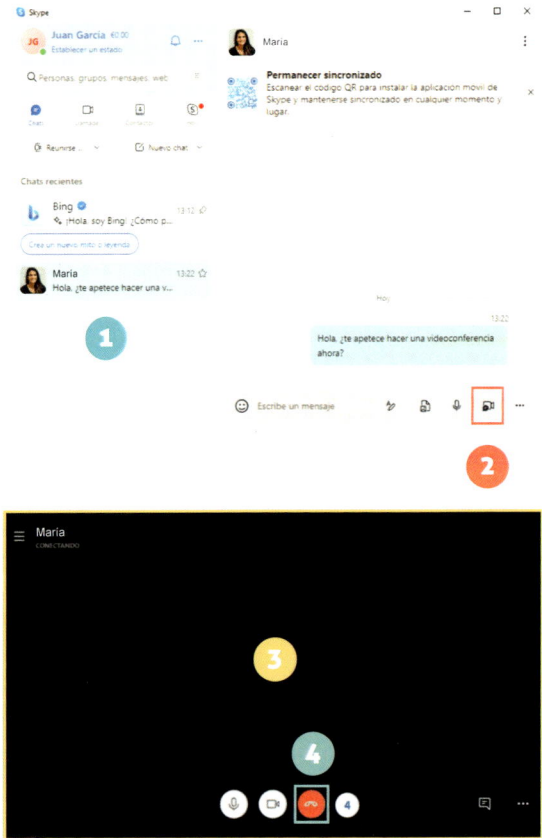

Skype permite **cerrar el programa,** pero mantener abierta la sesión para que, la próxima vez que accedas, no tengas que volver a introducir ni tu usuario ni tu contraseña. Si no quieres dejar la cuenta de Skype abierta, deberás seguir estos pasos para **cerrar la sesión de Skype:**

1. Si cierras Skype solo pulsando en el botón de cerrar de la ventana de la aplicación, al volver a entrar en Skype, no tendrás que introducir tu nombre de usuario ni contraseña.

2. Para cerrar la sesión y que la próxima vez que abras la aplicación te pida tu usuario y contraseña, pulsa en el botón Más etiquetado en la imagen como 2 y después en **Cerrar sesión**.

3. Escoge a continuación lo que deseas que haga Skype con la configuración de la aplicación y de tu cuenta:

   • **Cerrar sesión y recordar:** cierra sesión sin eliminar el nombre de usuario, la contraseña ni las preferencias de la aplicación.

   • **Cerrar sesión y no recordar:** elimina el nombre de usuario, la contraseña y las preferencias de la aplicación en este dispositivo.

   • **Cancelar:** cuando cambias de idea y prefieres mantener la sesión iniciada en Skype.

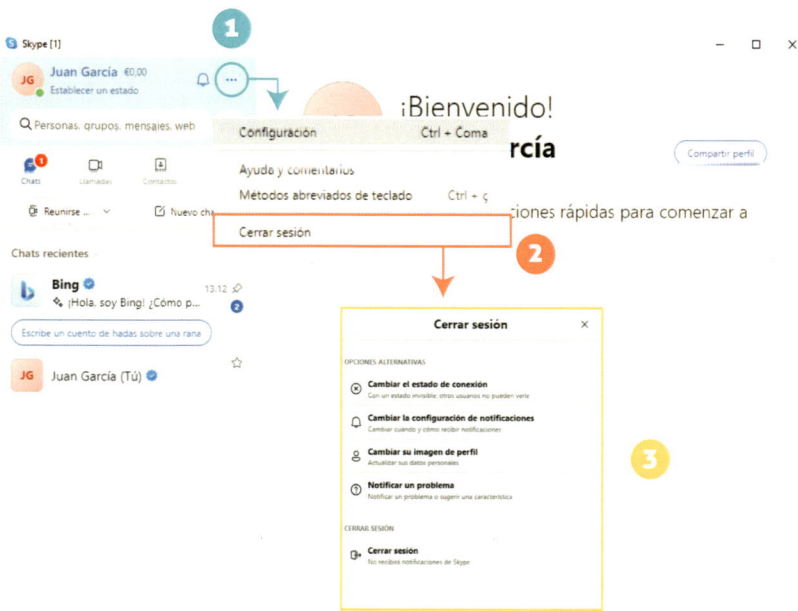

3.3.2. Google Meet

Otro de los proveedores de videoconferencias es Google que, actualmente, ofrece dos servicios para poder hacer videoconferencias: Google Chat y Google Meet. Aunque ambos permiten llamadas de vídeo, presentan orientaciones diferentes:

Google Chat es una aplicación de móvil que te permite realizar videoconferencias a través de la aplicación. Utiliza, para ello, la lista de contactos de Gmail y está integrada como una funcionalidad extra del chat. Está pensada para uso personal o llamadas para grupos pequeños. En el caso de acceder a través del navegador, al utilizar la videollamada de Google Chat, este te dirigirá a Google Meet.

Google Meet es el servicio de videoconferencias de Google, integrado en sus *suites* de trabajo. Permite acceder tanto a través de aplicación móvil como por el navegador.

Para realizar una videollamada con **Google Meet** desde Gmail, debes acceder a tu cuenta de correo. Una vez allí, harás clic en la opción **Nueva reunión** de la barra lateral.

Tras iniciar una reunión en **Google Meet**, la herramienta te ofrece la posibilidad de enviar una invitación a través de correo electrónico para los participantes o **Empezar ahora**, en cuyo caso, entrarás directamente en la sala de la reunión vacía y, desde allí, podrás prepararla antes de **Enviar invitación**.

Como en cualquier otro servicio, el programa te solicitará acceso a la cámara y al micrófono del dispositivo para que la videoconferencia se produzca correctamente. Una vez has dado acceso a la cámara y al micrófono, Google Meet comienza la videoconferencia, donde tendrás incluidas varias **funcionalidades** disponibles:

- **Activar o desactivar micrófono:** la aplicación te permite activar o desactivar el micrófono de tu equipo.

- **Activar o desactivar cámara:** puedes desactivar la cámara si no quieres aparecer en pantalla. Del mismo modo, puedes activarla de nuevo cuando lo necesites.

- **Activar subtítulos:** Google Meet te ofrece la posibilidad de subtitular la conversación que estés manteniendo con las demás personas participantes en la videoconferencia. Puedes seleccionar el idioma en que quieres que se subtitule.

- **Presentar:** es bastante habitual realizar presentaciones cuando se mantiene una videoconferencia. Tienes dos opciones de presentación:

  - Toda la pantalla: las personas participantes podrán ver todas las acciones y cambios de ventana que realices en la pantalla que compartes.

  - Una ventana: las personas participantes solo podrán ver el contenido de una ventana concreta.

  - Una pestaña: se restringe la visualización de las personas participantes al contenido de una única pestaña del navegador).

- **Más opciones:** en este icono, puedes elegir más opciones si lo necesitas, por ejemplo, puedes aplicar efectos visuales, ver a pantalla completa, cambiar el diseño, notificar un problema, etc.

- **Salir de la videoconferencia:** se puede dar por terminada la videoconferencia pulsando sobre el botón rojo.

- **Añadir a alguien:** puedes añadir a participantes a la videoconferencia. Además, la aplicación te sigue facilitando un enlace de acceso que puedes enviar a las personas que quieras que se unan.

- **Chat:** en Google Meet puedes abrir un chat en el que puedes interactuar por escrito con las personas participantes en la videoconferencia.

- **Pizarra:** en esta aplicación tienes disponible una opción que despliega una pizarra en la que puedes esbozar ideas para compartir con el resto de los participantes.

- **Controles del organizador:** el organizador de la videoconferencia puede configurar varias opciones durante esta como, por ejemplo, que las personas que participen en ella envíen mensajes en el chat o notificar usos adecuados.

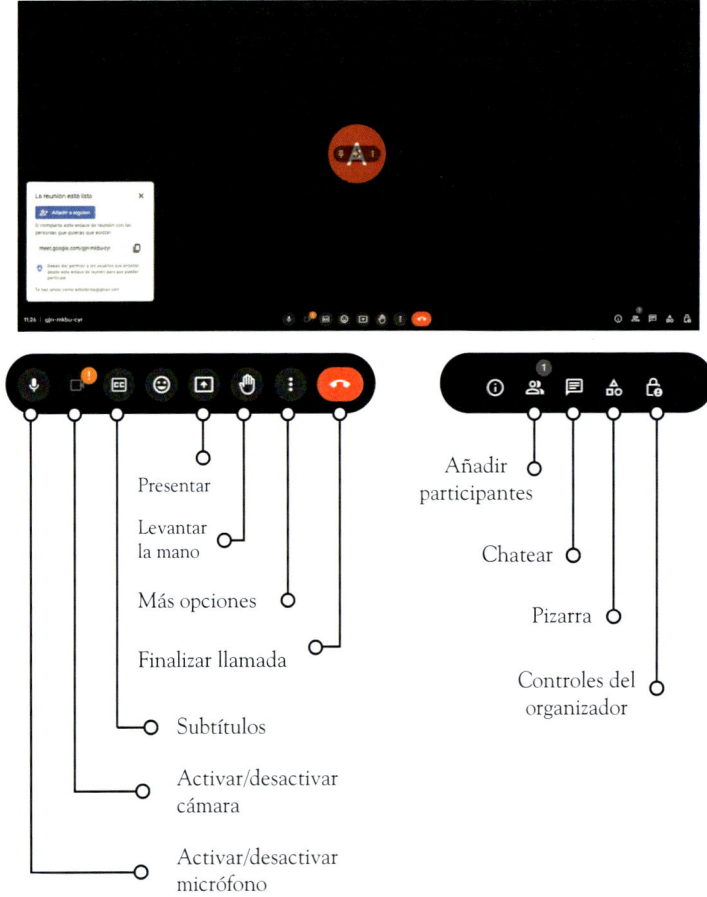

¿Quieres ampliar la información sobre Google Meet? Escanea el código QR y accede a las instrucciones que ofrece Google para realizar videollamadas con esta herramienta.

3.4. Identidad digital

La identidad es el conjunto de rasgos propios que caracterizan y diferencian a las personas. En la construcción de la identidad, intervienen muchos factores, entre ellos, tu momento vital, aspectos culturales, de género, emociones, sentimientos, etc. La cantidad de información que generas y consumes construye y se adhiere a tu identidad en la Red.

La **identidad digital** es la imagen que proyectas hacia terceras personas por tu comportamiento y participación en Internet.

Forman parte de tu identidad digital los siguientes **elementos:**

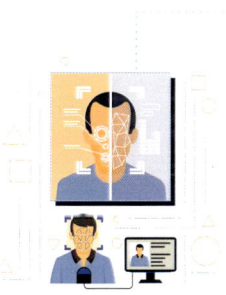

- El contenido que compartes en tus espacios sociales.

- Las opiniones y comentarios que publicas como respuesta en determinadas páginas como, por ejemplo, un blog.

- El material multimedia que compartes en ciertas plataformas como, por ejemplo, YouTube.

- Las interacciones que terceras personas realizan con los contenidos que aportas.

Cuidar de la identidad digital requiere de mantener buenos hábitos en la forma de interactuar que tengamos con la Red, en la actividad que generemos y en la presencia. Para mantener una buena reputación en internet, es bueno tener en cuenta los siguientes **consejos:**

- **Crea perfiles responsables:** valora la utilidad de darte de alta en un servicio concreto. Si una vez valorado, no lo necesitas o dejas de utilizarlo, elimina tu perfil.

- **Configura la privacidad de cada sitio que utilices:** tanto de forma personal como profesional, según tus preferencias. Lo importante es que te sientas a gusto con tus ajustes y que seas consciente de lo que implica cada interacción o publicación de contenido que realizas en ese espacio.

- **Participa de forma respetuosa:** aplica el sentido común y adapta tu lenguaje y conversación a la norma y carácter del sitio.

- **Revisa tu identidad digital de forma periódica:** no te obsesiones, pero ahora que ya conoces su importancia no la dejes de lado.

Las personas y entidades que se encargan de la selección de personal buscan en la Red información pública que complemente la aportada en los currículos, para obtener información adicional sobre quienes participan en procesos selectivos.

El 13 de mayo de 2014 el Tribunal de Justicia de la Unión Europea obligó al buscador Google a retirar enlaces con información del pasado de las personas, si esta se consideraba lesiva o carente de relevancia pública.

Cualquier interacción que hagas en la Red y cualquier acción que terceras personas realicen respecto a ti conforman tu identidad digital. Por tanto, tu identidad digital es valiosa, ya que la información que terceras personas encuentren sobre ti puede influir en una toma de decisiones y afectar a tu **reputación.**

Con respecto a tu identidad digital, es importante que aprendas a utilizar alguno operador como, por ejemplo, **Google Alerts.**

Google Alerts es un servicio que proporciona alertas relacionadas con las novedades que se generan sobre cualquier búsqueda que realices en la Web.

Se puede utilizar Google Alerts para avisar si tu nombre real o tu nombre de usuario, el que utilizas en tus perfiles sociales, aparece mencionado en alguna publicación.

Para **crear una alerta** a través de este servicio, sigue los siguientes pasos:

1. Inicia sesión en tu cuenta de Gmail y accede a Google Alerts (https://www.google.com/alerts).

2. En la caja **Crear una alerta sobre...** introduce los términos de búsqueda sobre los que quieres recibir notificaciones. Puedes utilizar el servicio para estar al tanto de cualquier tema de tu interés. En este caso, te interesa estar al tanto de cualquier página que mencione tu nombre. Introduce tu nombre y apellidos entre comillas dobles y bien escrito.

3. A medida que vas escribiendo, bajo la caja aparecen los resultados actuales, que puedes examinar como con cualquier consulta a través de Google.

4. Para configurar la alerta, haz clic sobre el enlace **Mostrar opciones.**

5. Selecciona la frecuencia con la que quieres recibir los mensajes, el idioma de los resultados de búsqueda y su ámbito geográfico.

6. Haz clic sobre el botón **Crear alerta** cuando los tengas ajustados.

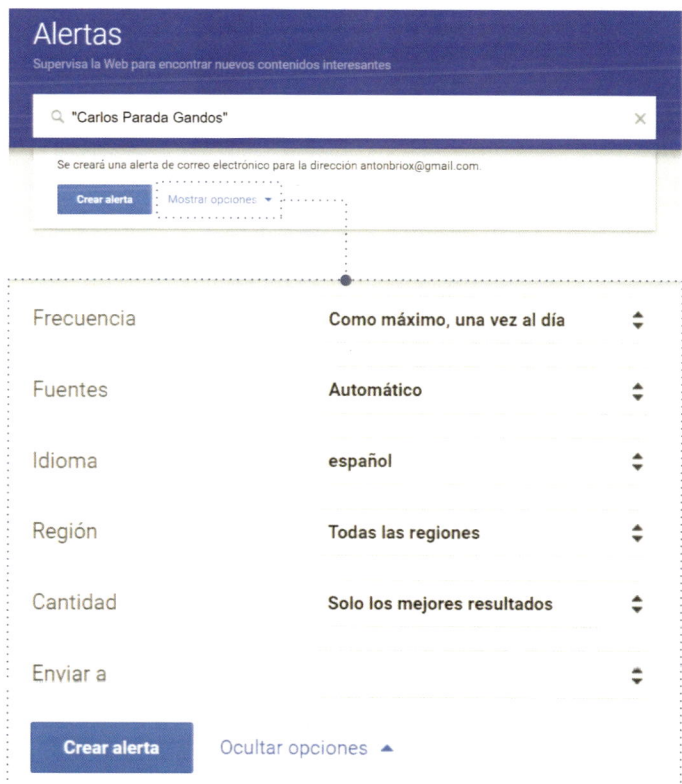

Google Alerts solo te enviará mensajes si hay novedades en los resultados que has obtenido en el momento de configurar la alerta.

Revisa tu modo de participar, los espacios y servicios en los que estás dado de alta y actúa ajustando o realizando los cambios que consideres para sentirte a gusto con tu participación. Recuerda que tu identidad digital la conforman también las interacciones de los demás contigo.

CONCLUSIONES

En esta unidad didáctica has aprendido que:

- Las formas de comunicarnos con las demás personas han cambiado y el peso de las comunicaciones digitales y las formas en que lo hacemos son muy diferentes a las que utilizábamos hace años.

- El correo electrónico se configura para su correcta gestión y consulta a través de clientes de correo instalados en el dispositivo o mediante el navegador.

- Las herramientas de videoconferencia como Skype o Google Meet son formas de comunicación simultánea y bidireccional, que permiten una interacción visual, auditiva y oral con personas de cualquier parte del mundo mediante Internet.

- La reputación en el ámbito digital se cuida manteniendo buenos hábitos en las comunicaciones con los demás usuarios. Todas estas interacciones conforman nuestra identidad digital.

AUTOEVALUACIÓN

1. En la siguiente dirección de correo web: alejandrovazquez@panaderia.com, ¿cuál es el usuario?

a. panaderia.
b. alejandrovazaquez@panaderia.com.
c. alejandrovazquez.
d. @panaderia.com.

2. Señala cuáles de las siguientes recomendaciones sobre las videoconferencias son correctas.

☐ Usar unos auriculares con micrófono integrado.

☐ Conectar preferiblemente mediante red inalámbrica para facilitar la movilidad.

☐ Revisar la configuración y funcionamiento antes de la videoconferencia.

☐ Puntualidad.

☐ Realizar otras tareas durante la videollamada para economizar tiempo.

☐ No es necesario comprobar los elementos que aparecen en el ángulo de la cámara ni la vestimenta, ya que se entiende que es un medio informal.

☐ Intenta comunicar también con lenguaje no verbal, por ejemplo, mirando a cámara para demostrar interés.

3. Si deseas enviar un correo a varias personas, pero no deseas que entre ellas no se vean sus direcciones de correo, se puede utilizar el apartado CCO para enviarlos. Esta opción de envío de mensajes permite que todos los receptores desconozcan a los otros destinatarios.

a. Verdadero.
b. Falso.

4. Si escribes en mayúsculas en un correo, se interpreta como…

a. Que es urgente.
b. Que estas gritando.
c. Que estas apurado.
d. Nada en especial.

5. ¿Qué puedes gestionar en un cliente de correo?

a. Un cliente de correo no tiene como finalidad gestionar el correo.
b. Una sola cuenta de correo.
c. Varias cuentas de correo.
d. Una cuenta de correo Gmail y otra de otro tipo.

6. La videoconferencia es un sistema de comunicación...

a. Simultánea bidireccional.
b. Simultánea unidireccional.
c. Solo por texto.
d. Solo por voz.

7. Indica cuáles de las siguientes afirmaciones son características principales que diferencian a la gestión del webmail o de un cliente de correo electrónico:

	Webmail	Cliente de correo electrónico
Se puede acceder al correo desde cualquier ordenador que tenga acceso a Internet de forma rápida.		
Requiere de configurar el acceso al correo electrónico.		
Mayores funcionalidades y personalización.		
Se necesita estar conectado para trabajar con él.		

8. La identidad digital no se tiene en cuenta a nivel profesional porque solo depende de tu actividad personal en la Red.

a. Verdadero.
b. Falso.

SOLUCIONES

1. c. El nombre de usuario lo puedes decidir al crear la cuenta mientas que el dominio (panaderia.com) no se puede cambiar.

2.

- ☑ Usar unos auriculares con micrófono integrado.

- ☐ Conectar preferiblemente mediante red inalámbrica para facilitar la movilidad.

- ☑ Revisar la configuración y funcionamiento antes de la videoconferencia.

- ☑ Puntualidad.

- ☐ Realizar otras tareas durante la videollamada para economizar tiempo.

- ☐ No es necesario comprobar los elementos que aparecen en el ángulo de la cámara ni la vestimenta, ya que se entiende que es un medio informal.

- ☑ Intenta comunicar también con lenguaje no verbal, por ejemplo, mirando a cámara para demostrar interés.

3. a. Verdadero. CCO significa con copia oculta, por lo que las direcciones de correo que pongas en ese apartado no serán visibles para el resto de las personas a quienes les envíes el correo.

4. b. Escribir en mayúsculas se interpreta como que el emisor está gritando, por lo que es recomendable evitarlo.

5. c. En un cliente de correo puedes configurar tantas cuentas como quieras, todo dependerá de la capacidad de tu ordenador o dispositivo móvil.

6. a. Es simultánea porque las dos personas están conectadas al mismo tiempo y es bidireccional porque se realiza en dos direcciones.

7.

	Webmail	Cliente de correo electrónico
Se puede acceder al correo desde cualquier ordenador que tenga acceso a Internet de forma rápida.	✕	
Requiere de configurar el acceso al correo electrónico.		✕
Mayores funcionalidades y personalización.		✕
Se necesita estar conectado para trabajar con él.	✕	

8. b. La identidad digital se tiene en cuenta en todos los ámbitos de tu vida, tanto personales como profesionales. Además, comprende tanto tu actividad en ella como las interacciones que los demás tienen contigo.

4 Creación del contenido

Objetivos

- Adquirir los conocimientos necesarios para hacer las operaciones básicas con el procesador de textos.
- Crear contenidos utilizando la aplicación de presentaciones.
- Adquirir los conocimientos necesarios para realizar las operaciones básicas con el programa de presentaciones.
- Conocer y diferenciar los distintos tipos de licencia.
- Identificar los distintos tipos de ficheros y las características principales de cada tipo de fichero.

Contenidos

4. Creación del contenido
    4.1. Herramientas ofimáticas básicas (procesador de texto y presentaciones)
        4.1.1. Procesador de texto
        4.1.2. Presentaciones
    4.2. Permisos a la hora de utilizar información de Internet
    4.3. Formatos de archivos (PDF, DOC, DOCX, JPG, GIF, PNG)

4.1. Herramientas ofimáticas básicas (procesador de texto y presentaciones)

El término **ofimática** hace referencia a todas aquellas técnicas y herramientas que permiten un tratamiento automatizado de la información en cualquiera de sus formatos y acepciones.

Estas herramientas ofimáticas básicas han trascendido el ámbito profesional y son las mismas que se utilizan en el ámbito personal para escribir un documento, relacionarse con la Administración o cualquier otra tarea que implique el manejo o utilización de documentos.

En los siguientes epígrafes aprenderás cómo utilizar los procesadores de texto y los programas de presentaciones.

4.1.1. Procesador de texto

Los **procesadores de texto** son aplicaciones informáticas que permiten crear y modificar el texto de cualquier tipo de documento (una carta, un currículo, un calendario, etc.) desde un dispositivo TIC.

En todos los procesadores de texto las **funcionalidades principales** aparecen agrupadas en los siguientes epígrafes:

- **Creación:** genera cualquier tipo de documento, desde el más sencillo al más complejo.

- **Edición:** realiza cambios en el texto ya creado, borrar, eliminar, aplicar formatos (color, tamaño, etc.) y definir otros tipos de formato como el de los párrafos (espaciados, interlineados, etc.).

- **Guardar:** puedes guardar los cambios que hayas introducido en el documento. La mayoría de los procesadores de texto permiten almacenar el documento en diversos formatos.

- **Imprimir:** puedes imprimir todo el documento, solo algunas páginas o incluso solo parte de un texto de una página.

Para elegir tu procesador de textos antes de nada debes definir el uso que le vas a dar y tus necesidades reales. Los **procesadores de texto más populares** del mercado son:

- **Microsoft Word:** desarrollado por Microsoft, dispone de una versión para dispositivos móviles. Es un programa de pago, aunque dispone de una versión gratuita para iOS, Android y Windows que te permiten abrir y leer documentos, aunque no podrás ni crear ni editar documentos.

- **LibreOffice Writer:** es un derivado, también gratuito, de OpenOffice lanzado en 2011. Este programa ofrece la mayoría de las funciones de las que dispone Word y es compatible con la mayoría de los sistemas operativos. Forma parte de un proyecto más amplio de código abierto que incluye un paquete de aplicaciones ofimáticas al estilo de Microsoft Office.

- **Google Docs:** desarrollado por Google, está disponible desde Google Drive. Es gratuito y requiere tener una cuenta en el ecosistema Google. Tiene las funciones básicas de un procesador de textos; además, permite el trabajo colaborativo entre varias personas de forma simultánea sobre el mismo documento. Trabaja directamente en la nube y el documento puede ser descargado en diferentes formatos, como el de Word o LibreOffice.

Para conocer las **funciones principales de un procesador de textos,** utilizaremos como base Microsoft Word, uno de los programas de creación y edición de documentos más extendido entre empresas y particulares.

¿Sabes cuál fue el primer procesador de textos de la historia? La aplicación Vydec Word Processing System, que se vendía por más de 12 000 dólares de la época, unos 60 000 actuales teniendo en cuenta la inflación.

A continuación, aprenderás los **pasos básicos para acceder y comenzar a utilizar el programa Microsoft Word.**

Al abrir un documento nuevo en Microsoft Word, te encontrarás en la ventana con distintos **elementos:**

• **Barra de título:** espacio donde aparece el nombre del archivo. En la zona de la izquierda se encuentra el menú de inicio rápido, que contiene una serie de iconos que representan las funciones más habituales dentro del trabajo con el editor de textos (guardado, deshacer la última acción, repetir la última acción, etc.); en la parte de la derecha están los botones clásicos de gestión de ventanas (ocultar la cinta de opciones; minimizar, disminuir y cerrar la ventana).

• **Cinta de opciones:** agrupamiento en fichas de las funcionalidades principales del procesador. Pulsando en el nombre de cada solapa accedes al detalle de las posibilidades de cada grupo de opciones.

• **Reglas:** apoyo para algunas tareas en el documento: ajuste de márgenes, colocación de tabuladores, etc.

• **Barra de desplazamiento:** permite desplazarse por las páginas del documento mediante el uso del ratón, alternativa a las flechas de desplazamiento del teclado y a las teclas de avance y retroceso de página.

• **Área de trabajo:** espacio principal de edición del documento, es el espacio donde escribes y editas los documentos.

• **Barra de estado:** se muestra información de distinto tipo sobre el documento que estás editando: idioma del documento, número de palabras de las que consta, vista que estás empleando o escala de visualización.

Barra de título

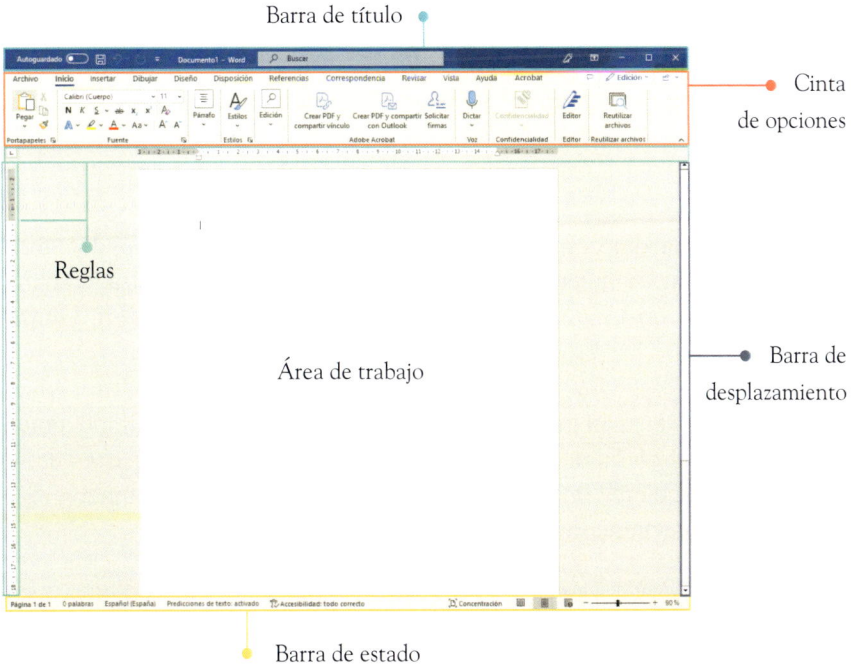

Cinta
de opciones

Reglas

Área de trabajo

Barra de
desplazamiento

Barra de estado

Además de la creación del documento, las primeras operaciones que debes conocer están relacionadas con el **almacenamiento y recuperación de documentos.** Además, es conveniente conocer cómo salir y cerrar correctamente la aplicación. Las opciones que te permiten hacer estos procesos están agrupadas en la pestaña **Archivo** de la cinta de opciones, al pulsarla, la ventana de Word pasará a ofrecerte una serie de **funcionalidades:**

- **Inicio:** esta es la pantalla inicial de **Archivo**, en ella aparecerán accesos rápidos para crear nuevos documentos, abrirlos y un histórico de archivos recientes. En este menú también encontrarás el formato de la fuente, del párrafo y los estilos; también herramientas de búsqueda y reemplazo de texto, acceso al editor para acceder al corrector, etc.

- **Nuevo:** crea un documento nuevo o utilizando alguna plantilla. En el **Inicio** te muestra algunas plantillas que Word tiene por defecto. Lo habitual es crear un documento en blanco.

- **Abrir:** abre un documento ya creado al que deseas hacer cambios, consultar o imprimir.

- **Información:** en esta opción puedes visualizar los metadatos del documento y modificarlos (la autoría, las propiedades, las fechas de creación y modificación, etc.)

- **Guardar y Guardar como:** para guardar y sobrescribir el mismo documento utiliza **Guardar**, si quieres guardar los cambios que has realizado sobre el documento en otro para no perder el documento original, utiliza **Guardar como**.

- **Imprimir:** desde aquí tendrás acceso al menú para imprimir documento abierto, podrás configurar el tamaño del papel, el color, las partes del documento que quieres imprimir, etc. Para utilizarla, necesitas tener y haber configurado previamente la impresora.

- **Compartir:** te permite hacer llegar a otras personas el documento subiéndolo en la nube, por correo electrónico o publicándolo en un blog de forma rápida a través de esta opción de menú.

- **Exportar:** esta opción puede parecer muy similar a **Guardar como**, te permite hacer una copia del documento en un formato diferente, como PDF, EPUB, HTML, etc., pero creándolo en el formato de destino, no guardándolo como una versión que Word pueda leer de forma nativa.

- **Transformar:** un acceso directo a la transformación del documento para adaptarlo a página web y a una forma de visualización de la información más atractiva.

- **Cerrar:** el botón cerrará el documento actual en el que estés trabajando sin cerrar el programa. Puedes cerrar también el documento pulsando en el botón de cerrar situado en la parte derecha de la barra de título. La diferencia es que ese botón cierra el documento y la aplicación de Word.

Algunas de estas funcionalidades también están accesibles como botones en la cinta de opciones o a través de atajos de teclado. Además, Microsoft Word dispone de un **sistema de ayuda** que te permitirá recordar los pasos de una determinada acción o aprender y profundizar en nuevas funciones de la aplicación. Puedes acceder al asistente que ofrece el programa a través del menú **Ayuda** (o **F1** en el teclado).

Ahora que ya sabes cómo crear un documento en blanco, descubrirás las opciones básicas para **editar un documento.** El primer paso será aprender a **insertar texto.** Para ello, simplemente teclearás los caracteres. Cuando el texto llegue al margen derecho, el texto automáticamente continuará en la línea siguiente.

A la hora de insertar el texto, ten en cuenta las siguientes **acciones** que te serán de gran ayuda.

- **Punto de inserción:** la barra vertical parpadeante que aparece dentro del documento te indicará la posición en la que se va a insertar el texto. Esta se llama «punto de inserción». No debes confundirlo con el puntero del ratón, que puede adoptar la forma de una línea vertical cuando estás en el área de texto.

- **Puntero de ratón:** también puede adoptar la forma de flecha cuando está en la zona de la cinta de opciones o en los cuadros de diálogo. En el área de trabajo, te permitirá colocar el punto de inserción en una posición determinada dentro de un párrafo.

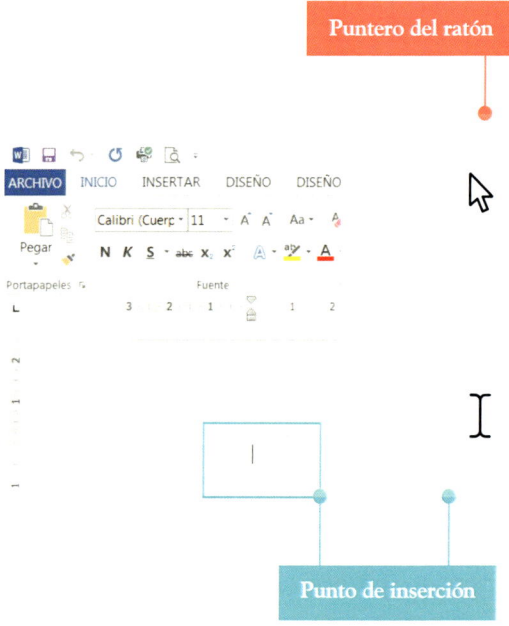

Puntero del ratón

Punto de inserción

- **Intro:** si quieres hacer un punto y aparte en un texto para crear un párrafo, pulsa la tecla **Intro** del teclado. En algunos teclados puede aparecer con el nombre de «**Enter**» o «**Return**», o el dibujo de una flecha.

- **Supr y Retroceso:** cuando necesites borrar un texto puedes eliminarlo desplazando el punto de inserción con el ratón hasta la posición inicial del texto que quieres eliminar y utilizar la tecla **Supr**, eliminarás carácter a carácter hacia la derecha de donde está situado el punto de inserción, o la tecla Retroceso si la posición es posterior al texto, esta eliminará carácter a carácter los situados a la izquierda del punto de inserción.

Desplazarse por el documento es una de las funciones más básicas que debes conocer, ya que te permitirá corregir y cambiar de una forma rápida y fácil. Las distintas formas en las que te puedes desplazar a lo largo de un documento son:

- *Scroll:* te permite desplazarte a lo largo (barra de desplazamiento vertical) y ancho (barra de desplazamiento horizontal) de tu documento, independientemente de su longitud. La longitud de la barra de desplazamiento vertical representa la longitud del documento, y el cuadrado pequeño que hay en su interior representa la posición actual del punto de inserción.

- **Ratón:** desplaza el cursor del ratón hasta el punto elegido y, al hacer clic, el punto de inserción se colocará en ese lugar. También se puede utilizar la rueda del ratón, si es que dispone de ella, para desplazamientos más largos.

- **Teclado:** es el elemento de hardware que más uso tendrá a la hora de crear y modificar el documento. También tiene funcionalidades para un desplazamiento rápido. Estas son las teclas más utilizadas para esta acción:

  - Tecla flecha derecha: desplaza el punto de inserción una posición a la derecha.

  - Tecla flecha izquierda: desplaza el punto de inserción una posición a la izquierda.

  - Tecla flecha arriba: desplaza el punto de inserción una línea hacia arriba.

  - Tecla flecha abajo: desplaza el punto de inserción una línea hacia abajo.

  - Tecla **Inicio**: desplaza el punto de inserción al principio de la línea.

  - Tecla **Fin**: desplaza el punto de inserción al final de la línea.

  - **Av. Pág.:** avanza una pantalla completa.

  - **Re. Pág.:** retrocede una pantalla completa.

Algunas acciones asociadas al trabajo habitual con Word y con cualquier otro procesador de textos, requieren de una acción previa: **seleccionar el texto** sobre el que se va a ejecutar la acción. El texto seleccionado se muestra coloreado. Puedes seleccionar texto de tu documento con el teclado o el ratón.

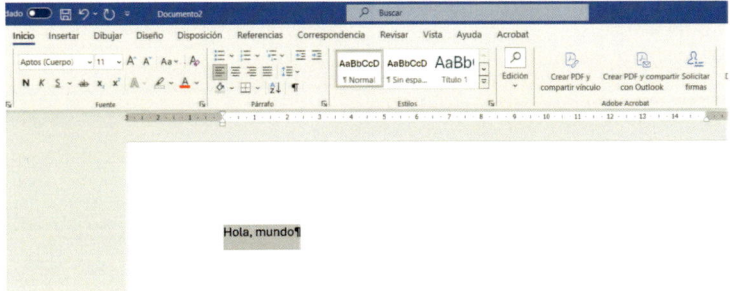

Puedes seleccionar texto de tu documento con el teclado o el ratón.

• **Con el ratón:** puedes hacerlo de varias formas:

- **Arrastrando:** coloca el cursor al principio del texto que deseas seleccionar, presiona el botón izquierdo y, sin soltarlo, mueve el cursor hasta el final de la selección.

- **Con el clic del ratón:** si haces un doble clic sobre la palabra esta queda seleccionada. Si colocas el cursor justo al inicio de la línea, verás que el cursor pasa a tener forma de flecha; si haces clic, quedará seleccionada la línea completa. Si colocas el cursor justo al inicio de la línea, comprobarás que el cursor pasa tener la forma de una flecha; si haces doble clic, seleccionas el párrafo completo.

• **Con el teclado:** en la siguiente tabla tienes algunas opciones que te permiten seleccionar distintos agrupamientos de palabras:

Acción	Atajo de teclado
Un carácter a la derecha	Mayús. + flecha derecha
Un carácter a la izquierda	Mayús. + flecha izquierda
Palabra a la derecha	Ctrl + Mayús. + flecha derecha
Palabra a la izquierda	Ctrl + Mayús. + flecha izquierda
Hasta el final de la línea	Mayús. + Fin
Hasta el principio de la línea	Mayús. + Inicio
Una línea abajo	Mayús. + flecha abajo
Una línea arriba	Mayús. + flecha arriba
Hasta el final del párrafo	Ctrl + Mayús. + flecha abajo
Hasta el principio del párrafo	Ctrl + Mayús. + flecha arriba
Una pantalla abajo	Mayús. + Av. Pág.

Cuando escribes en Word **=RAND(10)**, el programa generará un texto automático. Puedes utilizar este truco para tener mucho texto sin tener que teclearlo y así poder ensayar. El valor que va entre los paréntesis indica el número de párrafos que creará.

Una de las características principales de los procesadores de texto es que puedes aplicar distintos formatos para enriquecer el documento y darle una estética adecuada. Se distinguen tres **tipos de formato** dentro del procesador de textos:

- **Formato de caracteres:** se aplican al texto (fuente, color, efectos, espaciado entre caracteres, etc.).

- **Formado de párrafos:** afectan a todo el párrafo (espaciado, interlineado, sangrías, etc.).

- **Formato de página:** configuran la página (tamaño del papel, márgenes, encabezados, etc.).

En un documento puedes aplicar distintos formatos, tanto a los caracteres, como a los párrafos y a las páginas. Todo dependerá del tipo de documento que estés generando o del resultado final que deseas obtener, a quién está dirigido el documento, qué uso pretendes darle, etc.

El **formato de caracteres** es el que se ocupa de la apariencia del texto, se aplica a palabras o a conjunto de palabras. Suelen utilizarse para destacar conceptos o frases clave.

Los formatos de carácter los puedes aplicar desde la ficha **Inicio**, desde el grupo de opciones **Fuente**. Son los siguientes:

- **Fuente:** es el tipo de letra con el que el texto se visualizará en pantalla. Por ejemplo, la fuente Arial Narrow.

- **Tamaño:** es el número de puntos que conforman el carácter.

- **Cambiar mayúsculas/minúsculas:** permite cambiar un texto que está escrito de una forma a otra, por ejemplo, cambiarlo de mayúsculas a minúsculas o poner en mayúsculas cada palabra.

- **Borrar formato:** elimina el formato aplicado al texto y deja el formato por defecto, que es el definido en un fichero de plantilla que Word utiliza por defecto para crear los nuevos documentos (Normal.dotx).

- **Resaltado de texto:** puedes marcar conceptos o frases con diferentes recursos, como la **negrita**, *cursiva* o subrayado. Estos elementos pueden aplicarse conjuntamente a las mismas palabras. Recuerda que son maneras de resaltar un texto y que tienen usos específicos, intenta utilizarlos moderadamente.

- **Color de la fuente:** establece el color de los caracteres.

- **Diálogo de fuente:** dispones de más opciones para editar la forma del párrafo en el cuadro de diálogo de fuente al que accedes pulsando en el botón de la esquina inferior derecha en el grupo de opciones.

Para que los cambios se hagan a un texto escrito, debes haber seleccionado previamente la palabra o el conjunto de palabras. Si no has seleccionado texto, los cambios se aplicarán al texto nuevo que escribas desde el lugar en el que está situado el punto de inserción.

El **formato de párrafo** hace referencia a las distintas configuraciones que puedes darle a un párrafo entero.

A diferencia que los formatos de carácter, si el párrafo ya está escrito no es necesario seleccionarlo; basta con tener el punto de inserción en él.

Los **párrafos** son unidades independientes que tienen sus propias características de formato, pudiendo ser diferentes estas de un párrafo a otro. Para poder aprender a aplicar estilo a un párrafo, es conveniente tener en cuenta las siguientes características modificables:

• **Alineación:** es la posición de las líneas del párrafo respecto de los márgenes de la página. En los procesadores de texto se distinguen cuatro tipos de alineación:

Izquierda	Centrada	Derecha	Justificada
Al alinear el texto al **margen izquierdo** queda desalineado en el derecho.	Alinear el texto **centrado** hace que el margen izquierdo y derecho se desalineen de forma equilibrada en ambos lados.	Al alinear el texto al **margen derecho** queda desalineado al izquierdo.	Alinea el texto escrito ajustando la línea para que se marque ajustada tanto en el margen derecho e izquierdo.

• **Interlineado:** es la separación que hay entre las líneas de un párrafo. Entre los más comunes están:

Sencillo	De 1,5	Doble
Es el que por defecto aparece en los documentos nuevos, es entre 5 y 10 puntos mayor que el texto.	Este interlineado hace que el espacio en blanco aumente entre una línea y la siguiente un 1,5 del espaciado sencillo.	Este interlineado abre las líneas haciendo que sea del doble que un espaciado sencillo.

• **Sangría:** es la distancia entre el margen de la página y el borde derecho o izquierdo del párrafo. Existen cinco tipos de sangrías básicas:

Sangría izquierda	Sangría de primera línea
Las líneas del párrafo están situadas un poco más a la derecha que el resto de los párrafos.	La sangría de primera línea es la más utilizada para distinguir dónde comienza un párrafo. Esta sangría hace que la primera línea comience más a la derecha que el resto de las líneas.
Sangría derecha	
Las líneas del párrafo terminan por la derecha antes que el resto de los párrafos.	**Sangría francesa**
Sangría doble o completa	En este caso, la sangría solo se aplica una izquierda a partir de la segunda línea del párrafo.
Este interlineado abre las líneas haciendo que sea del doble que un espaciado sencillo.	

Para cambiar la **configuración de la sangría** de uno o varios párrafos también puedes utilizar la herramienta de regla que aparece en la parte superior e izquierda del **Área de trabajo**, si no aparece, puedes visualizarla marcando la opción **Regla** en el menú **Vista**.

- En color gris, aparece el espacio que corresponde a los márgenes de la página.

- En color blanco, es la zona del documento dedicada a la inserción de texto.

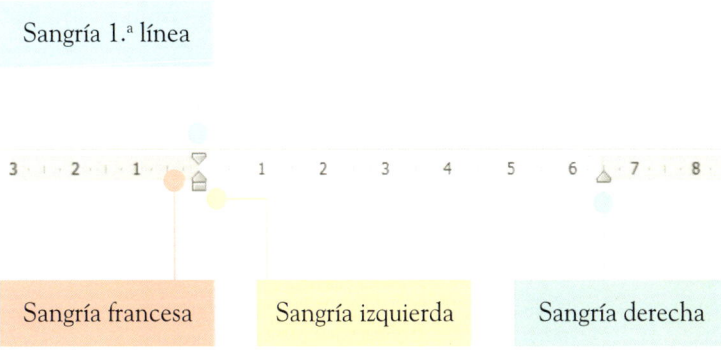

Delimitando estos espacios, están las marcas de ajuste de las sangrías. Moviendo estos elementos podrás configurar las sangrías.

Para **aplicar estas modificaciones a un párrafo** debes colocar el punto de inserción dentro del párrafo del que quieras editar su formato. Si quieres aplicar el mismo formato a varios párrafos, selecciónalos. Para hacer estas modificaciones, utiliza los botones del grupo de opciones de párrafo que está en la cinta de opciones, en la pestaña **Inicio**, dentro del grupo de opciones **Párrafo**.

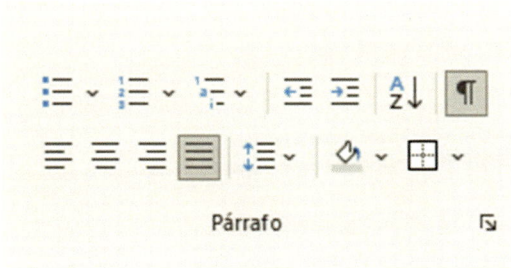

Aparte de utilizar las opciones que aparecen en la cinta para modificar las sangrías, añadir viñetas o cambiar la alineación. También puedes desde esta cinta modificar el **color de fondo de un párrafo** específico o **añadirle un borde.**

Asimismo, cuando escribes en un documento Word, es como si lo hicieras en una hoja de papel. Por ello, hay un área en la que puedes escribir que simula una hoja en blanco y otra, habitualmente gris, que no es editable. Esta es la vista de **Diseño de impresión**, es la que suele estar por defecto. Hay ciertos ajustes que puedes hacer sobre una página para configurarla, como la elección del tamaño y orientación de papel (vertical u horizontal), o el espacio que ocupa la mancha del texto y cuánto será el espacio dedicado a los márgenes en blanco, y en cuantas columnas se colocará el texto.

La configuración de estos ajustes podrás hacerla en el menú **Disposición**, que abrirá una nueva cinta de opciones en las que podrás seleccionar en menús desplegables las diferentes opciones en **Configurar página**. Estas opciones son:

- **Márgenes:** se muestran unos márgenes predeterminados.

- **Orientación:** puedes establecer si la página está en vertical o horizontal.

- **Tamaño:** se muestran unos tamaños de papel predeterminados que son los más utilizados.

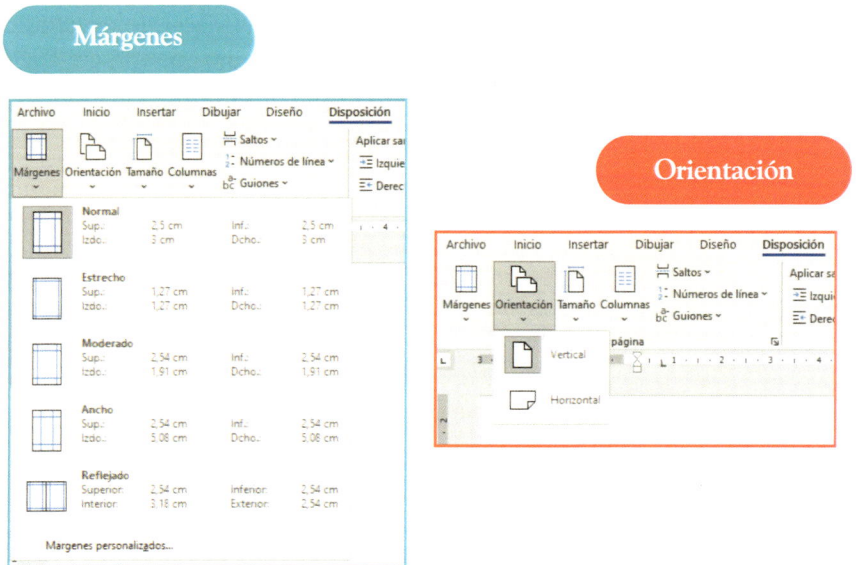

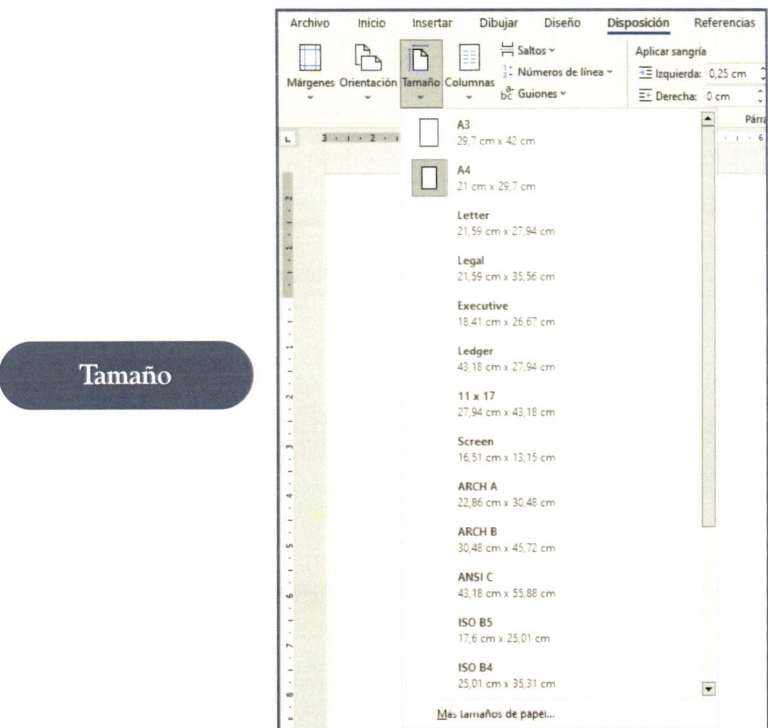

Tamaño

4.1.2. Presentaciones

Las presentaciones son materiales que estructuran la información en diapositivas. Utilizan recursos textuales y gráficos para exponer de forma clara y concisa un tema, al software se lo conoce como **programa de presentaciones.**

Un **programa de presentaciones** es un software que organiza información de forma esquematizada a través de contenido organizado en diapositivas.

Las presentaciones combinan la exposición del orador y el material audiovisual que refuerza la idea que este desea transmitir. El software para desarrollarlas tiene **funciones** muy similares a las que ofrecen los procesadores de texto:

- **Creación:** permite crear cualquier tipo de presentación. Se puede partir desde una diapositiva en blanco o utilizar plantillas con elementos predefinidos. Esta última opción facilita que todas las diapositivas tengan una única línea gráfica.

- **Edición:** permite hacer cambios en el texto y demás objetos insertados, borrar, eliminar, aplicar formatos (color, tamaño, etc.), o definir el tipo de párrafo (espaciados, interlineados, etc.). También cambiar los objetos multimedia, como recortar audio e imágenes. Algunas opciones coinciden con las del procesador de textos, sobre todo las relacionadas con los ajustes y formato del texto.

- **Guardar:** almacena la presentación en el ordenador, en la nube o en cualquier dispositivo. La mayoría de los programas de presentaciones permiten guardar el documento en diferentes formatos, entre otros, en vídeo o un ejecutable que solo permite la visualización.

- **Imprimir:** puedes imprimir las diapositivas, las notas del orador, un documento preparado para los asistentes y el texto de las diapositivas. Además de estas funcionalidades, también puedes pensar en la impresión como una salvaguarda de tu guion. Si tienes que exponer un contenido puedes apoyarte en el guion de las diapositivas en papel.

Igual que con los procesadores de texto, para **elegir el programa de presentaciones** el usuario debe pensar en el uso que le va a dar y las necesidades que este programa debe cubrir. La elección de una aplicación no es excluyente; es decir, siempre se ha de evaluar qué aplicación puede ser más adecuada para cada tipo de presentación. Las **aplicaciones de presentaciones más populares** del mercado son:

- **Microsoft PowerPoint:** software desarrollado por Microsoft, forma parte del paquete ofimático Microsoft Office y dispone de una versión para dispositivos móviles. Ten en cuenta que es un programa de pago, tanto en su versión de escritorio como en su versión online.

- **LibreOffice Impress:** programa gratuito de OpenOffice. Este programa ofrece la mayoría de las funciones de las que dispone PowerPoint y es compatible con la mayoría de los sistemas operativos. Forma parte de un proyecto más amplio de código abierto que incluye un paquete de aplicaciones ofimáticas al estilo de Microsoft Office.

- **Presentaciones de Google:** es una aplicación gratuita que te permite crear presentaciones online y trabajar con otros usuarios. Para utilizarlo solo es necesario que tengas creada una cuenta de usuario de Google. Recuerda que, al estar alojado en la nube, necesitas una conexión a Internet para poder trabajar y acceder a tus presentaciones.

- **Otras aplicaciones online:** existen otras opciones que te permiten crear presentaciones directamente desde el navegador en un espacio en la nube, sin necesidad de tener el programa instalado en el ordenador, como Canva o Genially.

Entre los distintos programas de presentaciones, Microsoft PowerPoint es uno de los más extendidos entre empresas y particulares. Viene integrado en el paquete Microsoft Office, junto con otras aplicaciones como el procesador de texto, la hoja de cálculo y la base de datos.

La primera versión de PowerPoint se lanzó en 1987, fue creada por la sociedad Forethought e integrada en el Macintosh de Apple. Microsoft compró a Forethought PowerPoint en 1990 Microsoft y lanzó la primera versión para Windows 3.0.

A continuación, aprenderás los **pasos básicos para acceder y comenzar a utilizar el programa Microsoft PowerPoint:**

- **Barra de título:** espacio donde aparece el nombre del archivo. Mientras no lo guardes por primera vez, PowerPoint le asigna un nombre por defecto. En la zona de la izquierda se encuentra el menú de inicio rápido, que contiene una serie de iconos que representan las funciones más habituales dentro del trabajo con el editor de textos. En la derecha están los botones clásicos de gestión de ventanas.

- **Cinta de opciones:** agrupamiento en fichas de las funcionalidades principales del procesador, pulsando en el nombre de cada solapa accedes al detalle de las posibilidades de cada grupo.

- **Regla horizontal y vertical:** apoyo para algunas tareas en las diapositivas: ajuste de imágenes y textos alineados con respecto a otras imágenes y textos, etc.

- **Área de esquema:** se muestran en miniatura las dispositivas de la presentación. La que esté seleccionada es la que se visualizará en el área de trabajo. Te permite desplazarte de forma rápida de una diapositiva a otra sin tener que hacerlo de forma secuencial.

- **Área de trabajo:** es el espacio principal de edición de cada una de las diapositivas de tu presentación.

- **Barra de estado:** se muestra información de distinto tipo sobre la presentación que estás editando: la información de la diapositiva en la que estás, el total de diapositivas de la presentación, el botón para activar la visualización de las notas y comentarios, los modos de vista que verás un poco más adelante y el zoom para ampliar o reducir el tamaño de visualización en pantalla.

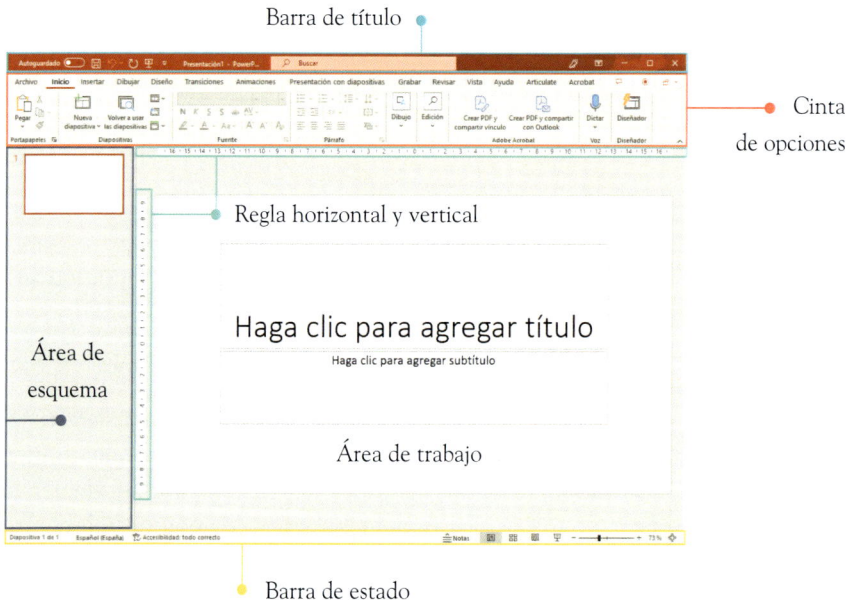

Todas las aplicaciones de Microsoft Office comparten una estructura muy similar; las acciones comunes como guardar y abrir un archivo, o cerrar un programa funcionan igual que en Microsoft Word[4] y se encuentran en **Archivo**, que agrupa las funciones relacionadas con el uso de la aplicación y del documento.

Antes de entrar de lleno en la creación de una presentación, descubrirás los distintos modos de vistas, aspectos de tu pantalla de trabajo desde los que puedes crear o editar diapositivas. Dependiendo de lo que estés haciendo en cada momento podrás alternar entre una u otra. En primer lugar, debes aprender los pasos necesarios para acceder a los **modos de vista.** Puedes acceder a ellos desde cualquiera de estas tres **opciones:**

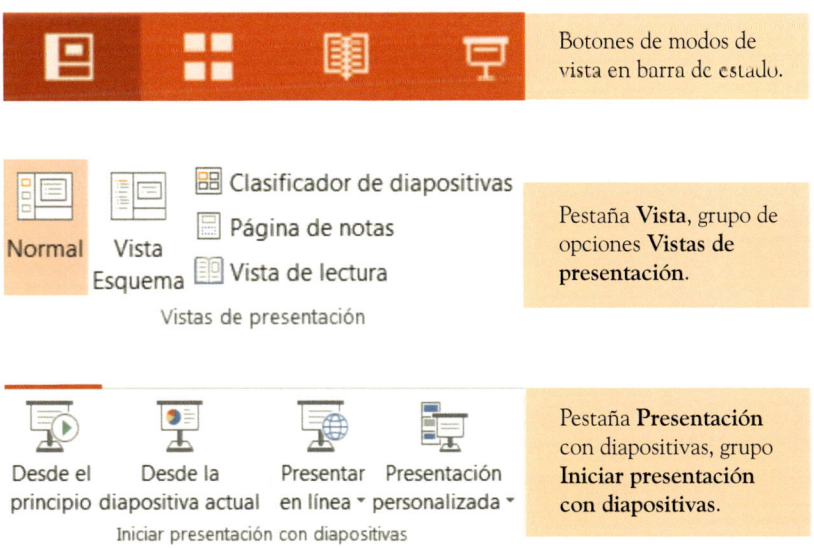

---

4 Puedes encontrar el detalle de cada uno de los elementos que contiene el menú **Archivo** en el apartado 4.1.1. de esta unidad didáctica.

En cuanto a los **tipos de vista,** destacamos dos:

- **Normal:** es la vista más utilizada, ya que es el modo de trabajo por defecto de PowerPoint, el que te encuentras cuando inicias la creación de una presentación o abres una ya creada. Este modo de vista te permite agregar texto e imágenes a las diapositivas, así como editar su contenido. Para acceder a este modo de vista puedes hacerlo desde la ficha **Vista** de la cinta de opciones y seleccionar **Normal**, o puedes pulsar en el botón **Normal** de la barra de estado.

- **Clasificador de diapositivas:** desde esta opción obtienes una visión panorámica de tu presentación, ya que te muestra las diapositivas en miniatura. Permite localizar una diapositiva rápidamente y es muy útil para mover, copiar o eliminar las diapositivas. Para acceder a este modo de vista puedes hacerlo desde la ficha **Vista** de la cinta de opciones y seleccionar **Clasificador de diapositivas** o haciendo clic en el botón **Normal** de la barra de estado. Puedes ajustar el tamaño de estas mediante la barra de deslizamiento de zoom, en la parte inferior de la pantalla.

Además de los diferentes modos de vista, es importante que conozcas las funciones básicas en el trabajo con diapositivas, esencialmente cómo insertar, seleccionar, copiar, eliminar, mover las diapositivas.

Para **insertar una diapositiva,** ten en cuenta los siguientes pasos:

1. Accede a la ficha **Inicio** de la cinta de opciones y selecciona **Nueva diapositiva.**

2. Tendrás una diapositiva nueva en el **área esquema.**

3. Si haces clic en la flecha que se encuentra bajo el botón **Nueva diapositiva**, podrás elegir entre varios diseños. Estos representan una propuesta de contenido que puedes aprovechar o modificar e incluso eliminar si has cambiado de opinión una vez seleccionada.

Recuerda que las nuevas diapositivas se insertan a continuación de la diapositiva donde estás posicionado y el tipo de diapositiva insertada, si no especificas otra cosa, será del último tipo que hayas seleccionado.

Para realizar algunas acciones sobre las diapositivas previamente es necesario seleccionarlas. Puedes utilizar la **Vista Normal** o la **Vista Clasificador de diapositivas**, si te resulta más cómodo, pero el **proceso de selección** es el mismo:

1. Para **seleccionar** una diapositiva pulsa encima de ella. Observa que la diapositiva seleccionada queda enmarcada en color rojo.

2. Para seleccionar varias diapositivas que están contiguas, clica en la primera, luego pulsa la tecla **Mayús.** y, sin soltarla, pulsa en la última diapositiva a seleccionar.

3. Para seleccionar varias diapositivas no contiguas, mantén la tecla **Ctrl** pulsada y haz clic en cada una de las diapositivas que quieres seleccionar.

El proceso es el mismo para seleccionar varios archivos de forma simultánea.

La acción de **copiar** o duplicar una diapositiva es muy útil, ya que, si necesitas crear o diseñar una diapositiva con la misma estructura o con contenido muy parecido o si simplemente quieres aprovechar algunos ajustes ya realizados, permite ahorrar tiempo.

Para copiar una o varias diapositivas sigue los siguientes **pasos:**

1. **Selecciona** las diapositivas que deseas copiar.

2. Pulsa en el botón de **Copiar** en la ficha Inicio en el grupo del **Portapapeles**.

3. Después selecciona la diapositiva detrás de la cual se insertará la diapositiva a copiar.

4. Pulsa el botón de **Pegar** en la ficha Inicio en el grupo del portapapeles.

Para **eliminar** una diapositiva sigue los siguientes **pasos:**

1. Selecciona la diapositiva o diapositivas que quieres eliminar siguiendo uno de los procedimientos anteriores.

2. Lo puedes hacer desde el área de esquema de la Vista Normal o desde la Vista Clasificador de diapositivas.

3. Pulsa la tecla **Supr** y se eliminarán las diapositivas seleccionadas.

Desde la vista **Clasificador de diapositivas,** tienes una panorámica de tu presentación; puede darse la circunstancia de que, cuando la revises, determines que es mejor que una diapositiva que estaba de sexta posición, en tu presentación, quede mejor después de la duodécima diapositiva.

Para **mover** una o varias diapositivas sigue los siguientes **pasos:**

1. **Selecciona** las diapositivas que deseas mover.

2. Pulsa en el botón de **Cortar** en la ficha Inicio en el grupo del Portapapeles.

3. Después selecciona la diapositiva detrás de la cual se colocará la diapositiva que vas a mover.

4. Pulsa el botón de **Pegar** la ficha Inicio en el grupo del portapapeles.

Cuando cojas confianza con la aplicación, puedes probar a arrastrar las diapositivas, dentro de esta vista, simplemente con esa acción cambias el orden de tu presentación.

En las diapositivas de tu presentación puedes insertar texto y aplicarles distintos ajustes de formato, como el tamaño de la letra o su color, y hacer ajustes de párrafo como sangrías, alineación, etc. Todos estos formatos y las funciones que te permite el programa son los que ya conoces por haberlos estudiado en el apartado anterior sobre el procesador de textos.

Para editar textos en PowerPoint, es necesario aprender a insertar y eliminar los **cuadros de texto**.

Para **insertar texto** sigue estos **pasos:**

1. Antes de insertar texto en una diapositiva tienes que seleccionar el diseño que sea más adecuado en relación con el contenido que quieres introducir.

2. A continuación, pulsa en el recuadro de la diapositiva en la que quieras insertar el texto; automáticamente, el texto que aparecía («Haga clic para agregar título») desaparecerá y se mostrará el punto de inserción.

3. Escribe el texto.

4. Cuando hayas terminado de introducir el texto haz clic con el ratón en otra parte de la diapositiva en la que quieras insertar más texto o pulsa la tecla **Esc** dos veces.

También puedes insertar una diapositiva en blanco y, a continuación, desde el menú **Insertar** (en la cinta de opciones), puedes hacer clic sobre **Cuadro de texto**, trazar un área en tu diapositiva y ya dispondrás del espacio listo para escribir .

De igual forma, si te sobra algún cuadro del diseño, puedes seleccionarlo y eliminarlo. Para eliminar un cuadro de texto, haz clic sobre el borde de la caja y luego pulsa la tecla **Supr**. Esta última acción puedes hacerla con la caja de texto con contenido o sin él.

Si lo que quieres es **eliminar un texto** o parte de él, sigue los siguientes **pasos:**

1. Selecciona el texto a eliminar.

2. Pulsar la tecla **Supr**.

Al igual que con un procesador de textos, puedes **aplicar el formato** antes de escribir el texto o una vez insertado en una caja de texto. En este último caso, debes seleccionar el texto antes de aplicar los ajustes.

Para aplicar **formato a un texto,** ten en cuenta los siguientes **pasos:**

1. Selecciona el texto que quieres modificar.

2. A continuación, en el grupo de opciones de fuente, selecciona el ajuste de formato a aplicar.

3. En la imagen de ejemplo, están marcadas las opciones para cambiar la fuente y el tamaño.

4. Este ajuste te permite seleccionar el color del texto.

5. Este permite destacar en negrita el texto seleccionado.

Si haces clic sobre los bordes de la caja que contiene el texto, se selecciona toda la caja y el ajuste posterior afectará a todo su contenido.

Las imágenes y gráficas te permiten añadir un componente visual a tus presentaciones. Las imágenes sirven para aclarar conceptos, representar situaciones o apoyar las explicaciones o contenido. En resumen, las imágenes refuerzan la idea que quieres transmitir. PowerPoint dispone de una serie de herramientas que permiten la inserción de este tipo de objetos, además de funcionalidades que permiten retocar y ajustar las imágenes.

Para **insertar una imagen** dispones de varias opciones, a las que puedes acceder a través de la ficha Insertar en la cinta de opciones. Fíjate que en la imagen se explican las posibilidades de inserción:

1. **Imágenes en línea:** son imágenes que buscaremos a través de Internet.

2. **Imágenes:** son las que están almacenadas en nuestro ordenador. Fotografías procedentes de cámaras digitales, de Internet o creadas con aplicaciones de edición gráfica como Canva, Photoshop o GIMP.

3. **Captura:** se trata de imágenes que genera PowerPoint automáticamente a partir de una captura de pantalla, una funcionalidad muy interesante para crear contenido sobre un programa, por ejemplo.

4. **Álbum de fotografías:** te permite crear una presentación a partir de una serie de fotografías que ya tengas creadas o almacenadas.

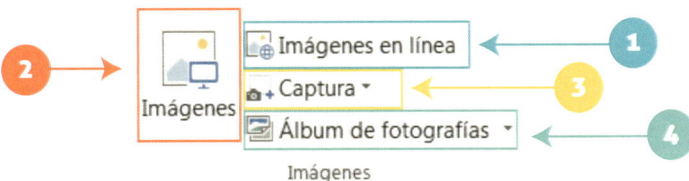

Los **pasos** para **insertar una imagen** son:

1. Para insertar una que tengas almacenada en un dispositivo, pulsa en el botón **Imágenes** de la ficha **Insertar** del grupo **Imágenes**. También puedes hacerlo desde el propio diseño de la diapositiva si el diseño de la diapositiva lo incluye.

2. En cualquiera de los dos casos se mostrará una ventana para seleccionar la imagen a insertar. Una vez localizada la imagen, haz un doble clic sobre ella y se insertará en la diapositiva.

Puedes **cambiar el tamaño de la imagen** a través de los tiradores que aparecen alrededor de la imagen, cuando la tienes seleccionada.

1. Haz clic en uno de ellos y, sin soltar, ve arrastrando el ratón y verás cómo se cambia el tamaño. Es importante que hagas este ajuste por los tiradores de las esquinas de la imagen y en sentido diagonal, porque de esta manera la imagen guardará su proporcionalidad y el resultado final no aparecerá distorsionado respecto a la imagen original.

2. Otra opción es hacerlo a través de la ficha **Formato** en el grupo de opciones **Tamaño**.

Recuerda que para ambas opciones la imagen debe estar seleccionada.

Con estas herramientas, podrás comenzar a componer una presentación. Si quieres unificar el diseño de las diapositivas para ofrecer una visualización más atractiva, puedes elegir un **Tema** de plantilla que te ofrece PowerPoint en el menú **Diseño**. PowerPoint aplicará el estilo de texto, cajas y otros elementos decorativos de la plantilla a toda la presentación.

Una vez finalizada la presentación debes lanzarla o ejecutarla para ver el resultado y comprobar cómo se verá en el sistema de proyección disponible. Puedes lanzar la presentación de diferentes **formas:**

- Pulsando en el icono **Presentación con dispositivas** que tienes en la barra de estado.

- A través de la ficha Presentación con diapositivas de la cinta de opciones, haciendo clic en el botón **Desde el principio**.

- Si deseas ejecutar la presentación desde la diapositiva actual, pulsa **Desde la diapositiva actual**, en la ficha **Presentación con diapositivas**.

Una vez que la presentación está en marcha, puedes pasar de una diapositiva a otra a través de las teclas de tu teclado: **Av. Pág.**, **Re. Pág.**, flecha a la derecha, flecha a la izquierda y también pulsando con el botón izquierdo del ratón (avance). Para salir del modo de presentación, pulsa la tecla **Esc.**

Para dinamizar la presentación, puedes utilizar efectos de movimiento. Ten en cuenta que estos no deben convertirse en los protagonistas de la presentación, son un recurso estético de apoyo para agilizar las transiciones, no para enfocar la atención. PowerPoint te permite dos **tipos de efectos:**

• **Transiciones:** es un pequeño efecto de animación que se realiza entre la diapositiva actual y el paso a la diapositiva siguiente. Para aplicar efectos de animación sigue los siguientes pasos:

1. Seleccionar las diapositivas a las que deseas aplicarle el mismo efecto de transición.

2. En la ficha **Transiciones**, selecciona el efecto que deseas aplicar a las diapositivas.

3. Desde el grupo **Intervalos** se puede configurar la forma en que se ejecutará la transición. Puedes definir si le aplicas algún sonido, la duración que tendrá el efecto y si para avanzar a la siguiente diapositiva lo haces con el botón izquierdo del ratón o después de un tiempo determinado.

- **Animaciones:** son los efectos de movimiento que se le aplica a los distintos objetos de la diapositiva. Pueden aplicarse tanto a cajas de texto como a imágenes.

Los **tipos de efectos** que le puedes aplicar a un objeto son:

- **Efectos de entrada:** son los que se le aplican al objeto cuando se muestra en la diapositiva.

- **Efectos de salida:** son los que se aplican al objeto cuando deseas que desaparezca de la diapositiva.

- **Efectos de énfasis:** se aplica a los objetos cuando quieres destacarlos.

- **Efectos de trayectoria:** la define la persona que está realizando la presentación, en la que una línea marca la trayectoria del objeto.

Para **aplicar los efectos de animación** desde la vista normal sigue los siguientes pasos:

1. **Selección:** selecciona el objeto de la diapositiva al que se aplicará el efecto de animación.

2. **Animación:** en la ficha Animación pulsa en **Agregar animación** y selecciona la que desees aplicarle al objeto.

3. **Intervalos:** desde el grupo **Intervalos** se puede configurar la forma en la que se ejecutará la animación.

4. **Panel de animación:** para visualizar los efectos aplicados a los objetos puedes pulsar en el botón **Panel de animación**.

5. **Quitar:** para elimina un efecto pulsa con el botón derecho del ratón encima del efecto y selecciona la opción **Quitar**.

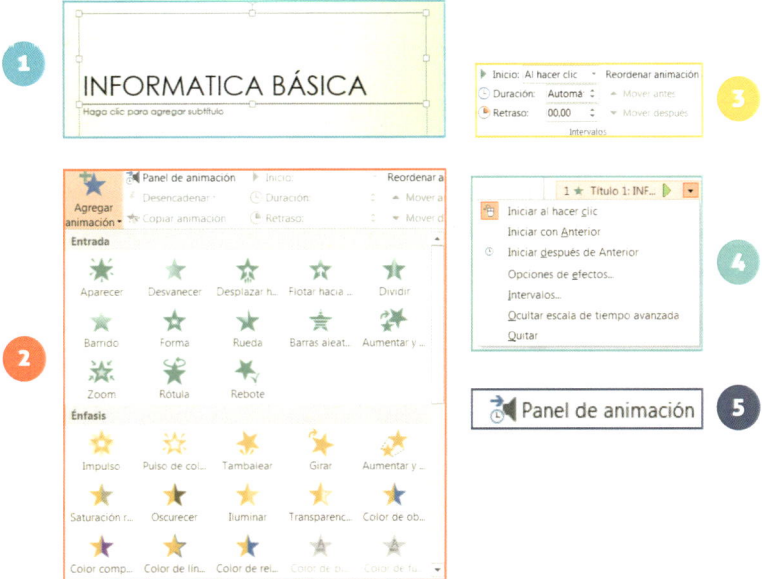

4.2. Permisos a la hora de utilizar información de Internet

Has descubierto que no hay ningún tipo de restricción a la hora de acceder y visualizar contenido alojado en Internet. De hecho, puedes extrapolar que aquello que está en la Web lo está para ser visualizado y, por lo tanto, utilizado. Para aclarar los matices relacionados con la utilización de los contenidos aparece el *copyright,* para que se sepa que el recurso, sea del tipo que sea, está sujeto a **derechos de autor.**

En España está vigente la **Ley de la Propiedad Intelectual,** plasmada en el Real Decreto Legislativo 1/1996. Entre otros aspectos, este real decreto marca los límites de utilización de contenido ajeno.

La **propiedad intelectual** hace referencia al conjunto de derechos que corresponden a las personas autoras y a otras titulares respecto a las obras que crean, sean estas de cualquier tipo: fotográficas, sonoras, documentales, etc. Además de las personas creadoras, los derechos corresponden también a productores, entidades de radiodifusión, etc.

Si tienes dudas o no tienes permiso explícito del creador, es mejor desechar el uso del recurso. Si no encuentras el tipo de licencia que tiene un determinado recurso, por defecto será una licencia restrictiva de tipo copyright.

Siempre has de respetar las creaciones de otros autores. Ante la duda, intenta contactar con la persona propietaria de los derechos de autoría para pedir un permiso expreso de uso.

Algunos de los **conceptos relacionados con la propiedad intelectual** son:

- **Autoría:** es un autor o autora cualquier persona que crea una obra original de cualquier tipo, artística, literaria o científica. También puedes registrar las obras originales en uno de los registros territoriales de la propiedad intelectual.

Si escribes en un blog y publicas un artículo, eres su autor o autora. Si haces una foto y la subes a una red social, también eres su autora o autor.

- **Objeto de los derechos:** cualquier creación original publicada en cualquier soporte tangible o intangible, actual o no inventado todavía, es objeto de la propiedad intelectual y esta corresponde a su creador o creadora.

Este derecho es irrenunciable y no es transferible, es decir, si escribes un artículo y lo publicas en un blog, la autoría es tuya, no puedes transferirla a una tercera persona. Ni aún en caso de fallecimiento la autoría deja de ser tuya.

Además del derecho de autoría, existen otros relacionados con la ejecución de obras musicales, producción cinematográfica o fotográfica, radiodifusión, etc.

- **Tipos de derecho:** existen dos tipos de derechos relacionados con la propiedad intelectual:

  - **Derechos morales:** acompañan a la persona creadora durante toda su vida y a las personas que los heredan tras el fallecimiento del autor. Estos derechos son irrenunciables. Entre ellos destaca el derecho al reconocimiento de la autoría de la obra o el derecho a exigir la no alteración de esta.

  - **Derechos patrimoniales:** son los relacionados con la forma de explotar la creación y la retribución correspondiente por ello. También forman parte de este conjunto de derechos los relacionados con el pago de una cantidad de dinero por los actos de explotación que se realice de la obra original. Los derechos patrimoniales tienen vigencia durante toda la vida del autor y 70 años después de su fallecimiento.

Para facilitar la gestión de los derechos de la propiedad intelectual existen organizaciones que gestionan los derechos de la propiedad intelectual en nombre de terceros, como, por ejemplo, CEDRO (Centro Español de Derechos Reprográficos) o SGAE (Sociedad General de Autores y Editores).

Asimismo, también existen las licencias Creative Commons.

Las **licencias Creative Commons** permiten especificar por adelantado el tipo de permiso de utilización por terceras personas de las creaciones.

Estas licencias acompañan habitualmente a las obras digitales de manera visual y presentan un diseño basado en tres capas: soporte legal tradicional, versión entendible por cualquiera y una tercera capa para que sean reconocidas por el software.

Existen seis tipos de **licencias Creative Commons** según la utilización que permite:

- **Reconocimiento (BY):** esta licencia permite a otros distribuir, mezclar, ajustar y construir a partir de su obra, incluso con fines comerciales, siempre que le sea reconocida la autoría de la creación original. Esta es la licencia más servicial. Recomendada para una máxima difusión y utilización de los materiales sujetos a la licencia.

- **Reconocimiento - NoComercial (BY-NC):** permite a otros entremezclar, ajustar y construir a partir de su obra con fines no comerciales, y aunque en sus nuevas creaciones deban reconocerle su autoría y no puedan ser utilizadas de manera comercial, no tienen que estar bajo una licencia con los mismos términos.

- **Reconocimiento - NoComercial - CompartirIgual (BY-NC-SA):** permite a otros entremezclar, ajustar y construir a partir de su obra con fines no comerciales, siempre y cuando le reconozcan la autoría y sus nuevas creaciones estén bajo una licencia con los mismos términos.

- **Reconocimiento - NoComercial - SinObraDerivada (BY-NC-ND):** es la más restrictiva de las seis licencias principales. Solo permite que otros puedan descargar las obras y compartirlas con otras personas, siempre que se reconozca su autoría, pero no se pueden cambiar de ninguna manera ni se pueden utilizar comercialmente.

- **Reconocimiento - CompartirIgual (BY-SA):** permite a otros remezclar, modificar y desarrollar sobre tu obra incluso para propósitos comerciales, siempre que te atribuyan el crédito y licencien sus nuevas obras bajo idénticos términos. Esta licencia es a menudo comparada con las licencias de *copyleft* y las de software *open source*. Cualquier obra nueva basada en la tuya, lo será bajo la misma licencia, de modo que cualquier obra derivada permitirá también su uso comercial. Esta licencia es la utilizada por Wikipedia y se recomienda para aquellos materiales que puedan beneficiarse de la incorporación de contenido proveniente de Wikipedia u otros proyectos licenciados de la misma forma.

 • Reconocimiento - SinObraDerivada (BY-ND): permite a otros reutilizar el trabajo para cualquier propósito, incluso comercialmente; sin embargo, no se puede compartir con otros en forma adaptada, y se le debe proporcionar crédito.

Escanea el QR y descubre esta herramienta para encontrar recursos con licencias Creative Commons. El buscador **CCSearch** recopila recursos en distintos proveedores de contenidos.

4.3. Formatos de archivos (PDF, DOC, DOCX, JPG, GIF, PNG)

Los archivos, además del nombre, se caracterizan por la **extensión,** es decir, un conjunto de caracteres que sirven para identificar el tipo de archivo y para indicar al sistema operativo con qué aplicación debe abrirlo para poder trabajar con él.

A continuación, descubrirás los tipos de archivos más habituales: PDF, DOC, DOCX, JPG, GIF y PNG.

PDF (*portable document format,* formato de documento portátil), creado por Adobe System, es un estándar abierto independiente de plataforma y software.

La principal característica de este formato de archivo es que los PDF no pueden ser editados de manera fácil, por eso es tan utilizado en ámbitos profesionales para enviar documentación.

Todas las aplicaciones anteriores pueden generar archivos PDF a partir de sus formatos; normalmente, a partir de la opción **Guardar como,** desde la que te encontrarás la posibilidad de crear un archivo PDF con el contenido que hayas creado.

DOC y **DOCX** son los formatos para almacenar textos que utiliza Microsoft Word.

Por un lado, DOC es la extensión de los documentos creados con Microsoft Word hasta la versión 2003. Las versiones actuales siguen trabajando con esta extensión, aunque recomiendan hacerlo con la extensión actual, la DOCX. Por otro lado, DOCX es la extensión actual asociada a las últimas versiones de Microsoft Word.

Existe otro formato, el **ODT,** extensión de documentos de procesamiento de textos creados con LibreOffice Writer u OpenOffice Writer.

A la hora de trabajar con imágenes, independientemente del dispositivo con el que hayan sido creadas, existen una serie de formatos que pueden crearse y editarse se pueden crear y manipular con varios tipos de aplicaciones, no estando asociados la mayoría a una aplicación concreta. Algunos de los formatos de imágenes más habituales son **JPG, GIF y PNG.**

JPG es el formato de imagen que utilizan las cámaras fotográficas y de móviles.

Las imágenes que son creadas y almacenadas con este formato suelen ocupar menos espacio, ya que se comprimen a costa de perder una mínima parte de su calidad. La mayoría de las ocasiones esta pérdida es imperceptible.

GIF es un formato gráfico habitual en la Web, ya que además de imágenes, soporta animaciones.

Igual que el formato JPG utiliza para su codificación un algoritmo de comprensión de imagen que no produce pérdidas salvo que la imagen tenga más de 256 colores. En este caso, la compresión afecta a la consiguiente merma de calidad de la imagen.

Además de las características anteriores, una imagen GIF puede soportar transparencias, lo que les hace adecuadas para representaciones con texto alrededor de ella, por ejemplo.

PNG es un formato que permite almacenar imágenes con mayor profundidad de contraste y calidad.

Desarrollado para suplir las carencias de GIF tiene la ventaja adicional de que su uso no está sujeto a patentes.

Las imágenes con este formato también admiten transparencias, además de una mejor representación del color en comparación con el GIF.

CONCLUSIONES

En esta unidad didáctica has aprendido que:

- Los procesadores de texto, como Microsoft Word, o las aplicaciones de presentaciones, como Microsoft PowerPoint, permiten crear documentos para compartir información.

- Se debe tener en cuenta el origen y los derechos de uso de los recursos que se utilizan y comparten, aunque estén publicados en Internet y el acceso sea libre y gratuito.

- Dependiendo del origen de un archivo y la información que contiene, este tendrá un formato específico (PDF, DOC, DOCX, etc.).

AUTOEVALUACIÓN

1. ¿Cuál de las siguientes afirmaciones es correcta?

a. En los procesadores de texto se trabaja con diapositivas y en los programas de presentaciones con páginas.
b. En los procesadores de texto se trabaja con páginas y en los programas de presentaciones con diapositivas.
c. En los programas de presentaciones no se pude aplicar formato al párrafo mientras que en los procesadores de texto sí se puede.
d. En el procesador de texto se puede aplicar efectos de transición a las páginas.

2. ¿Cuál de los siguientes programas es un procesador de textos?

a. PowerPoint.
b. Excel.
c. Prezi.
d. LibreOffice Writer.

3. Se pueden aplicar varios formatos de fuente a una palabra.

a. Verdadero.
b. Falso.

4. ¿Todo el contenido que te encuentras en la Web está de uso libre?

a. Verdadero.
b. Falso.

5. Las _____ son efectos de movimientos que puedes aplicar entre diapositivas.

a. Animaciones.
b. Transiciones.
c. Trayectorias
d. Inclinación

6. Las licencias de tipo Creative Commons no protegen a la persona creadora, ya que los recursos con estas licencias pueden usarse incluso con fines monetarios.

a. Verdadero.
b. Falso.

7. Selecciona todas las extensiones que sean nativas de programas del paquete de Microsoft Office (respuesta múltiple).

a. pdf.
b. docx.
c. .jpg.
d. pptx.

8. Identifica qué clase de alineación se ha aplicado en cada caso:

a.	b.	c.
La alineación posiciona el párrafo ajustando de una forma determinada las líneas a los márgenes del documento.	La alineación de un texto puede realizarse de forma decorativa o para romper la monotonía de un bloque de texto, pero puede afectar a la legibilidad.	Partir las palabras al final de línea solo se recomienda en casos de párrafo justificados tanto a izquierda y derecha. En el resto es mejor evitar partirlas.

SOLUCIONES

1. b. La página es uno de los elementos de trabajo del procesador de textos, mientras que, en el programa de presentaciones, el texto y los objetos se añaden a las diapositivas.

2. d. LibreOffice Writer es procesador de texto basado en una iniciativa de software libre.

3. a. Verdadero. A los caracteres, palabras y párrafos se le pueden aplicar varios formatos de fuente.

4. b. Falso. Todo el contenido que te encuentras en la Web está sujeto a derechos de autor y, de entrada, no puedes usarlo de forma libre salvo que tengas consentimiento expreso por parte de la persona autora de este.

5. b. Las transiciones son las que te permiten añadir un efecto entre las diapositivas. Los efectos que añades a las cajas para que realicen acciones durante la proyección de una diapositiva concreta son las animaciones.

6. b. Falso. Todas las licencias de tipo Creative Commons tienen como requisito citar al autor o autora original de la creación que estás usando, el resto de los elementos de la licencia indican lo que puedes hacer con ese recurso.

7. b y d. Las extensiones que utilizan los programas de Microsoft Office son .docx para el procesador de textos Microsoft Word y .pptx para las presentaciones de PowerPoint. Aunque puedan exportarse desde ambos programas archivos en PDF, este formato no pertenece a los archivos que genera de forma predeterminada.

8.

a. Justificada	b. Derecha	c. Izquierda
La alineación posiciona el párrafo ajustando de una forma determinada las líneas a los márgenes del documento.	La alineación de un texto puede realizarse de forma decorativa o para romper la monotonía de un bloque de texto, pero puede afectar a la legibilidad.	Partir las palabras al final de línea solo se recomienda en casos de párrafo justificados tanto a izquierda y derecha. En el resto es mejor evitar partirlas.

5 Configuración de la seguridad

Objetivos

- Conocer las principales amenazas a las que están expuestos los ordenadores y dispositivos móviles.

- Identificar los riesgos de la navegación por Internet.

- Conocer y aplicar las medidas de prevención para anticipar los posibles riesgos.

- Poner en práctica medidas para realizar una navegación segura a través de Internet.

- Descubrir la funcionalidad de los sistemas antivirus.

- Configurar un sistema antivirus y realizar escaneos en los distintos dispositivos.

Contenidos

5. Configuración de la seguridad
    5.1. Formas básicas de uso de medios informáticos para garantizar la seguridad (tanto el ordenador como el dispositivo móvil)
        5.1.1. Seguridad informática
        5.1.2. Amenazas
        5.1.3. Consejos básicos de seguridad
        5.1.4. Medidas de prevención
    5.2. Rutinas para una navegación segura
    5.3. El antivirus

5.1. Formas básicas de uso de medios informáticos para garantizar la seguridad (tanto el ordenador como el dispositivo móvil)

Desde la aparición de los ordenadores, la seguridad era básicamente una cuestión de protección física, ya que solo ciertas personas tenían acceso a esos equipos. La democratización de los ordenadores personales y la irrupción de Internet en todos los ámbitos provocaron que esos riesgos ya no solo fuesen físicos, sino que, además, el riesgo se trasladó a la información que contienen los dispositivos.

En los siguientes epígrafes, descubrirás qué es la seguridad informática, las amenazas de ciberseguridad, consejos básicos de seguridad y algunas medidas preventivas.

5.1.1. Seguridad informática

La **seguridad informática** es el conjunto de medios físicos y lógicos destinados a impedir el acceso no autorizado a un sistema informático.

La seguridad informática afecta tanto en la vida profesional como en la personal. En todos los casos, todas las actividades de seguridad deben ponerse en práctica de forma conjunta en estos tres **ámbitos** para lograr una acción combinada:

• **Seguridad del hardware:** hace referencia principalmente a la protección física. En el ámbito no profesional, se refiere a la protección de los dispositivos frente al robo o pérdida.

En el ambiente profesional, los dispositivos TIC suelen estar en salas acondicionadas y protegidas, en un entorno seguro. También entran en este apartado la seguridad relacionada con el control del tráfico de una red y el escaneado constante de las comunicaciones wifi o por cable.

Frente a estos problemas, algunas de las acciones de seguridad de hardware son el uso de cortafuegos, la realización periódica de copias de seguridad, la utilización de sistemas de alimentación ininterrumpida para los cortes de electricidad, etc.

• **Seguridad del software:** es el conjunto de acciones que se pueden poner en marcha basadas en software o que lo afectan, para proteger los dispositivos y los datos almacenados en estos.

Ejemplos de software de seguridad son los sistemas antivirus, además de otras aplicaciones y hábitos (como mantener tus sistemas operativos y aplicaciones actualizadas) contra ataques maliciosos de *hackers* y otros riesgos, de tal forma que el software siga funcionando correctamente y los archivos sigan accesibles.

• **Seguridad de red:** se refiere a las medidas diseñadas para proteger el acceso a Internet y desde Internet, ya que el acceso al canal personal permitiría a terceras personas hacerse con archivos, eliminarlos o encriptarlos. Es importante establecer unas medidas correctas de protección, ya que la mayoría de las amenazas se propagan a través de Internet.

Algunas de las herramientas que te pueden ayudar en este aspecto son los sistemas antivirus y *antispyware*, los cortafuegos, etc.

Es necesario que se tomen un conjunto de medidas para garantizar la seguridad de tus dispositivos TIC. Cada una es imprescindible para asegurar el resultado final. Para que las medidas se consideren efectivas, el sistema global debe cumplir las siguientes **características** que configuran el **principio de seguridad informática:**

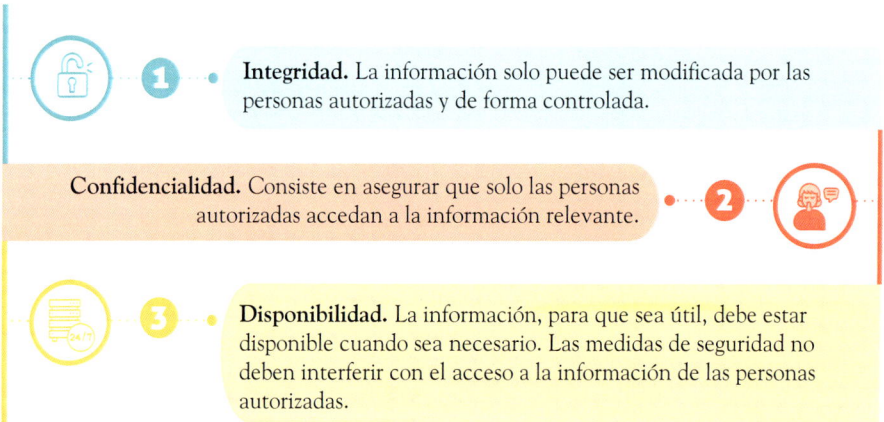

1. **Integridad.** La información solo puede ser modificada por las personas autorizadas y de forma controlada.

2. **Confidencialidad.** Consiste en asegurar que solo las personas autorizadas accedan a la información relevante.

3. **Disponibilidad.** La información, para que sea útil, debe estar disponible cuando sea necesario. Las medidas de seguridad no deben interferir con el acceso a la información de las personas autorizadas.

La seguridad empieza por mantener a todos tus equipos en las condiciones óptimas, ya que estas buenas prácticas no solo asegurarán que tu ordenador funcione de la mejor manera posible, sino que también son imprescindibles para proteger tus datos y tus equipos de las **amenazas de ciberseguridad,** es decir, de cualquier acción o situación que puede comprometer la seguridad de cualquiera de tus dispositivos informáticos.

A continuación, descubrirás las amenazas y situaciones de peligro más habituales.

5.1.2. Amenazas

Las **amenazas** son potenciales violaciones de la seguridad.

Hay dos **categorías** de amenazas: las accidentales y las intencionadas.

Por un lado, las **accidentales** son aquellas en las que por acción u omisión se pone en riesgo la información que almacena un dispositivo. Normalmente son las que más problemas generan.

No actualizar el sistema operativo puede facilitar el acceso al equipo o no realizar copias de seguridad puede ocasionar pérdidas de información en caso de avería del disco duro.

Por otro lado, las **intencionadas** son las que se producen como consecuencia de un intento deliberado de acceso a la información almacenada en un dispositivo, por ejemplo, a través de programas diseñados de forma específica, entre los que se encuentran virus, troyanos y espías, que atacan a los equipos comprometiendo su confidencialidad, su integridad y disponibilidad. Normalmente, estas aplicaciones reciben el nombre de *«malware»*.

Malware es cualquier tipo de programa o código informático malicioso diseñado para dañar un sistema o causar un mal funcionamiento.

Existen diferentes tipos de malware según la forma o el objetivo que persigan al atacar un ordenador, estos son los **tipos principales de malware:**

- **Gusanos:** se consideran un subconjunto de virus informáticos. A diferencia de los virus, no infecta otros archivos, aunque sí se multiplica. El gusano se instalará una única vez en el ordenador y buscará la forma de propagarse a otros ordenadores.

- **Virus informático:** programa malicioso que puede multiplicarse para propagarse de un archivo a otro en un ordenador o de un ordenador a otro utilizando memorias USB compartidas o a través del envío de archivos infectados a través del correo electrónico. Están programados en su gran mayoría para realizar acciones perjudiciales, como dañar o eliminar datos.

- *Ransomware:* encripta el equipo e impide el acceso a los datos, solicita el pago de un rescate para devolverlos a su estado original. El pago del rescate no implica la recuperación de datos.

- **Troyano:** camuflado bajo una utilidad que se ofrece en descarga o como complemento a otra aplicación, se instala en el equipo con el objetivo de robar documentos o datos personales almacenados.

- *Spyware:* está diseñado para recopilar datos y enviarlos a un tercero sin el conocimiento o autorización del propietario. Un ejemplo de spyware son los **keylogger.** Este tipo de programas registra lo que escribes en el teclado del ordenador. Se utiliza para robar datos de inicio de sesión, contraseñas, números de tarjetas de crédito, números pines y otros datos. Envía los datos de tus pulsaciones a una dirección de correo electrónico para que puedan ser utilizadas por terceras personas.

- *Phishing:* imita la página web de un sitio oficial para que introduzcas tus datos personales y realices una compra que nunca llegará a finalizarse o para que introduzcas tu número de cuenta para capturarla y realizar pagos fraudulentos con ella. El procedimiento habitual consiste en crear un sitio web falso que tiene exactamente el mismo aspecto que el legítimo y envían un correo electrónico que contiene un hipervínculo al sitio falso. Al visitar el sitio web falso, solicita escribir datos confidenciales, como los datos de inicio de sesión, la contraseña o el número pin.

5.1.3. Consejos básicos de seguridad

Existen una serie de **consejos básicos de seguridad** que debes tener en cuenta. Estos son:

- **Actualizaciones:** el sistema operativo y las distintas aplicaciones que tengas instaladas deben estar actualizados. Normalmente, si se detecta alguna vulnerabilidad general de seguridad en los sistemas operativos, las empresas fabricantes facilitan al usuario una actualización de la aplicación con la que protegerse o un «parche de seguridad».

- **Copias de seguridad:** debes hacer de forma periódica copias de seguridad de la información relevante. En las empresas suele existir una política sobre copias de seguridad; en el ámbito personal, la responsabilidad es del propietario del dispositivo.

- **Programas legales:** instala programas legales, con garantía y política de actualizaciones. El software ilegal puede contener virus, spyware o archivos que dañen o alteren el funcionamiento de tu sistema operativo, lo que conlleva inestabilidad en tu equipo o pérdida de información.

- **Contraseñas diferentes:** utiliza contraseñas diferentes para cada uno de tus accesos relevantes; además, asegúrate de que sean contraseñas seguras y no palabras habituales o comunes.

- *Firewall* **o cortafuegos:** es una aplicación que te permiten bloquear la entrada o petición de información no autorizada al ordenador o dispositivo móvil, al tiempo que también se restringe la salida de información no autorizada.

- **Descargas:** no descargues y, por supuesto, no ejecutes ficheros desde sitios inseguros o procedentes de correos sospechosos o no solicitados.

- **Antivirus:** utiliza un antivirus que permita analizar toda la información que gestionas bien desde tus dispositivos de almacenamiento o bien la que manejes desde el correo o la Web.

- **Cuentas de identificación:** utiliza una identificación de persona usuaria desde la que poder administrar en tu dispositivo TIC aquellas tareas que requieran permisos especiales, como la instalación de una aplicación o la conexión a una red wifi, y otra estándar para el trabajo habitual del día a día y, por supuesto, ambos con acceso con contraseña.

- **Datos personales:** no publiques tus datos personales, incluida tu cuenta de correo electrónico, en sitios desconocidos o aquellos que veas que no utilizan un acceso seguro (protocolo HTTPS).

- **Mensajes falsos:** no respondas a mensajes falsos, muévelos a la carpeta de spam; de esta forma colaboras con los sistemas que se encargan de la tarea de filtrar los correos.

Los dispositivos móviles presentan un riesgo extra al acompañarnos fuera de casa. Para evitar intrusiones o las consecuencias de la pérdida del dispositivo, podemos seguir estos **consejos básicos de seguridad para dispositivos móviles:**

- **Desconexión de la wifi:** cuando salgas de casa, desconecta la wifi y el acceso *bluetooth.*

- **Mantenimiento seguro de tu dispositivo:** fuera de casa, mantenlo siempre en un lugar seguro y visible.

- **Configuración de las formas de desbloqueo:** usar un pin o patrón de bloqueo, también puedes configurar el desbloqueo con datos biométricos (huella dactilar o reconocimiento facial).

- **Wifi gratuita:** ten cuidado con las redes wifi sin contraseña, asegúrate antes de conectarte quién es la empresa o entidad que lo ofrece y cuáles son las condiciones.

5.1.4. Medidas de prevención

Las **medidas de prevención** que puedes poner en marcha como usuario de ordenadores personales y dispositivos móviles para estos posibles ataques son:

- Actualización del sistema operativo.

- Creación de copias de seguridad.

- Activación del firewall.

- Instalación de un antivirus.

La primera medida de prevención es la **actualización del sistema operativo**[5]; también debes actualizar todos los programas que utilices con frecuencia para que las bases de datos y sistemas estén seguros.

---

[5] Aprenderás cómo mantener actualizado el sistema operativo en el apartado 6.1.1.

Ten en cuenta que ningún dispositivo físico, ordenador o dispositivo móvil es infalible, y cabe la posibilidad de que algún disco duro falle, que el sistema operativo se corrompa o que algún virus te impida acceder a archivos importantes. En esos casos, la medida de prevención en la que vas a apoyarte es la de **creación de copias de seguridad.**

Es importante hacerlas de forma periódica, centrándose en toda aquella información que consideres importante. Recuerda que la copia de seguridad no debe incluir los programas o aplicaciones instalados en tu ordenador, ya que estos los puedes recuperar volviéndolos a instalar.

La mayoría de las aplicaciones para copias de seguridad disponen de opciones preconfiguradas, porque normalmente los datos estarán almacenados en la carpeta **Documentos** y las fotos en la carpeta **Imágenes.** Si no es así, estas aplicaciones son configurables.

Las **opciones para guardar copias de seguridad** son:

- **Copias de seguridad en la nube:** puedes tener la información sincronizada en alguna de las nubes habituales, como las de Google Drive, Microsoft OneDrive o Apple iCloud. En este caso, ya tienes una salvaguarda y puedes valorar la necesidad de hacer otra más o no. Ten en cuenta que la información almacenada en la nube también puede ser un objetivo de posibles ataques.

- **Dispositivo de almacenamiento externos:** guarda una copia en un dispositivo de almacenamiento externo distinto al disco duro del ordenador o la memoria del móvil, porque si la almacenas en la misma unidad de disco en la que están los datos, en el caso de que falle esa unidad de almacenamiento, no dispondrías de acceso ni a la copia de seguridad ni a los datos originales.

Una vez realizada la copia de seguridad, tampoco dejes el dispositivo con la información duplicada conectado al equipo, porque si lo haces y se infecta en ese momento, es probable que tu copia de seguridad también lo esté.

Con Windows puedes crear copias de seguridad; también puedes utilizar alguna aplicación de las disponibles en el mercado, tanto comerciales como gratuitas. Incluso algunos fabricantes de discos externos incorporan preinstalado un software de copia de seguridad lo que es una buena opción o, al menos, una opción a considerar.

Para hacerte una idea del funcionamiento y utilidad de cualquiera de estas aplicaciones comienza por comprender la herramienta que el sistema operativo Windows te ofrece.

Para **configurar una copia de seguridad** sigue los pasos:

1. Para acceder a la aplicación de Copia de seguridad, primero abre la **Configuración** de Windows.

2. Ahí pulsa en **Actualización y seguridad**.

3. Accede a **Copia de seguridad de archivos**.

4. Si es la primera vez que accedes a la opción de copias de seguridad lo primero que debes hacer es activar las copias de seguridad. **Agrega la unidad** de la que quieras generarla.

5. Selecciona la unidad de almacenamiento que desees incluir en la copia de seguridad.

6. De esta manera ya tendrás activada la copia de seguridad.

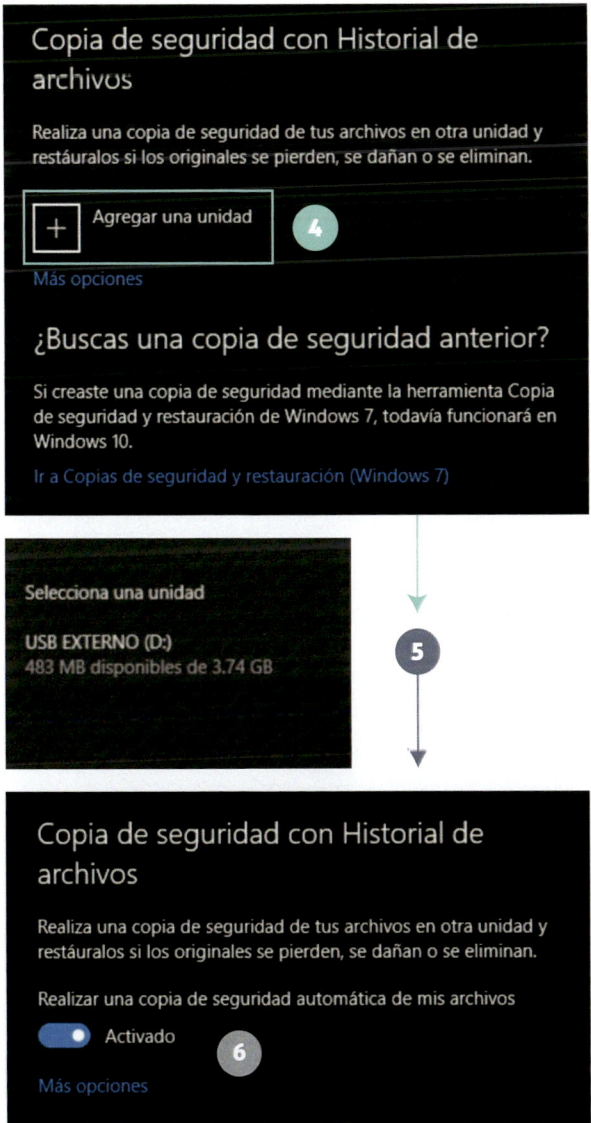

7. Una vez ya tienes la copia de seguridad activada, puedes escoger entre varias opciones para crear la copia de seguridad: **Hacer ahora una copia de seguridad** realizará una copia de seguridad de todas las carpetas indicadas.

8. Estas serán las carpetas concretas de las que se hará la copia de seguridad.

9. También puedes añadir nuevas carpetas que copiar utilizando el botón de **Agregar una carpeta**.

10. De la misma forma también puedes excluir alguna carpeta.

11. También puedes programar cada cuanto tiempo quieres que se realice la copia de seguridad.

12. En último lugar podrás decidir cuánto tiempo deseas mantener la copia de seguridad.

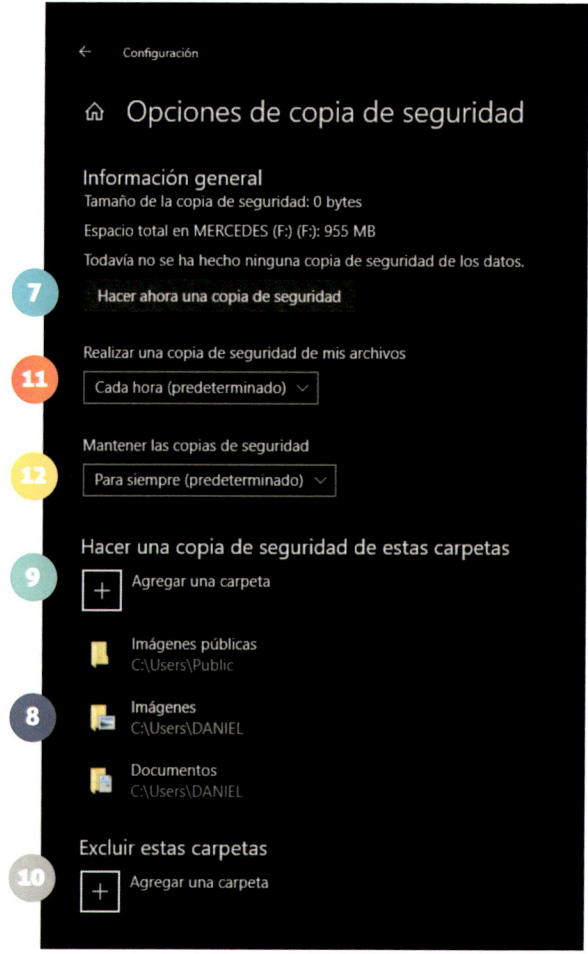

El procedimiento de configuración y activación de copia de seguridad puede aportar una tranquilidad extra al tener duplicados de los datos.

En los sistemas operativos más utilizados para móviles, existen también muchas aplicaciones para realizar copias de seguridad de tus datos. De hecho, Android te pide permiso para tener tu cuenta sincronizada con los datos principales de tus aplicaciones y llamadas de manera que, si cambias de teléfono o lo pierdes o te lo roban, puedas recuperar la mayor parte de tu información e, incluso, algunas de las aplicaciones eliminadas con anterioridad.

Otra opción es hacer la copia directamente en tu ordenador o en un disco duro externo, conectando el dispositivo móvil al ordenador y creando una carpeta que incluya todos los archivos que deseas copiar. En esta última opción seguro que tienes que otorgar algún permiso adicional para que puedas acceder a tu móvil desde el ordenador.

Revisa siempre las aplicaciones instaladas en tu dispositivo móvil, porque seguro que habrá alguna o un ajuste relacionado con las copias de seguridad que te puede ser útil. Fíjate en estas imágenes correspondientes a las aplicaciones correspondientes de Android e iOS.

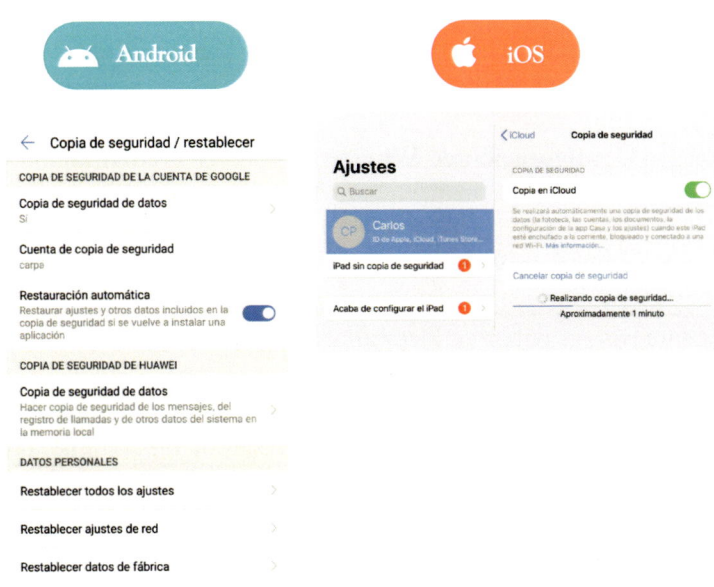

Otra de las medidas de prevención que evitarán que tu ordenador se vea vulnerado por intrusiones desde Internet es la **activación del firewall.**

El **firewall** o cortafuegos es una aplicación que vigila quién puede acceder a la información guardada en un equipo y qué es lo que sale de él y, además, se encarga de que este tráfico en ambos sentidos esté autorizado.

Según las necesidades de protección que requiera un equipo, existen dos **tipos de firewall:**

- **Hardware:** son dispositivos que se conectan entre el ordenador y la Red. La ventaja es que puedes tener varios ordenadores protegidos por el mismo cortafuegos, pero son más complicados de configurar que los de software. Normalmente se usan en entornos empresariales.

- **Software:** son aplicaciones que se instalan como cualquier programa, en el caso de utilizar un cortafuegos distinto al que tiene el sistema operativo; en la mayoría de los sistemas operativos viene integrado.

La mayoría de los sistemas operativos integran entre sus características nativas un firewall, simplemente tienes que asegurarte de que está activo y configurado correctamente. Para hacerlo, solo debes seguir una serie de **pasos:**

1. Accede a la **Configuración de Windows** y pulsa en **Actualización y seguridad.**

2. Pulsa en **Seguridad de Windows**.

3. El siguiente paso es pulsar en **Firewall** y protección de red.

4. En la ventana que se muestra a continuación puedes configurar la activación del firewall para los distintos tipos de redes, la de dominio, privada y pública. Solo tienes que fijarte que en cada uno de esos apartados aparece el mensaje «El firewall está activado». En la opción de Configuración avanzada puedes establecer una serie de configuraciones para cada tipo de red, pero si navegas normalmente por Internet no necesitas hacer ningún ajuste más.

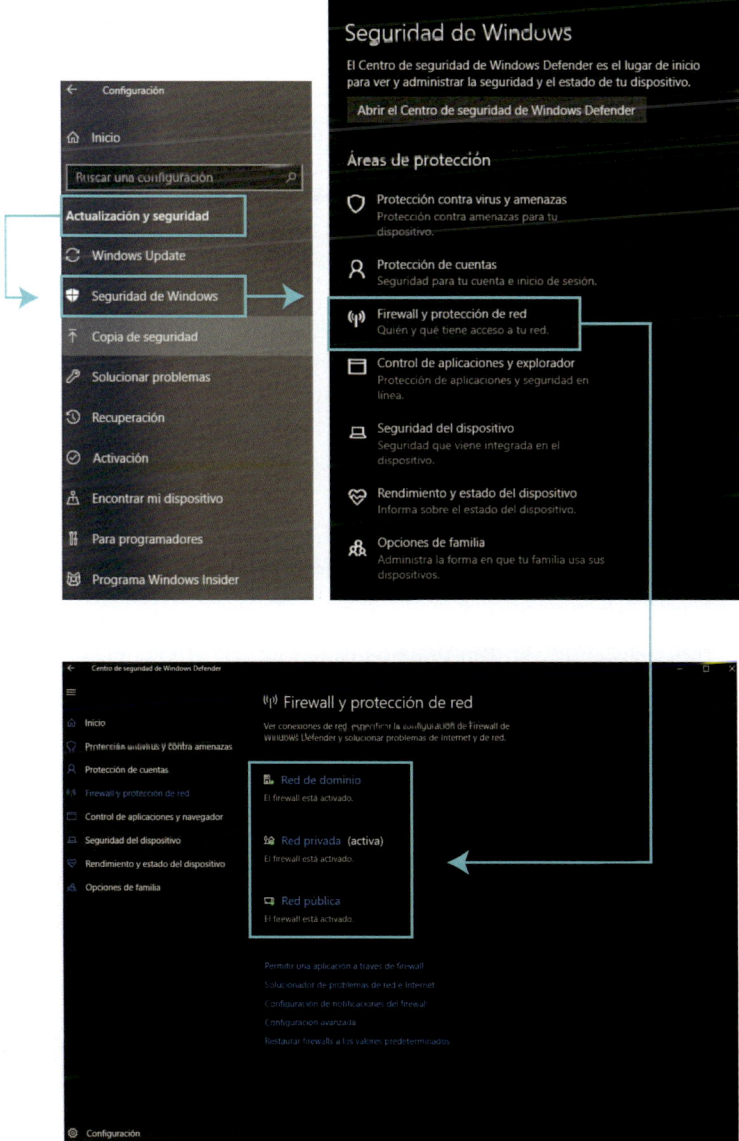

Solo puedes tener instalado un único cortafuegos en tu ordenador, así que, si te decides por instalar otro distinto al que aporta tu sistema operativo, deberás deshabilitar previamente este para utilizar el nuevo que elijas.

La última medida preventiva que permitirá mantener tu dispositivo operativo y en buen estado, es el **Antivirus**[6], su funcionamiento se basa en la búsqueda de patrones y en procesos de inteligencia artificial para detectar comportamientos considerados como extraños o dañinos. Por ello, la actualización de este software es fundamental para la salud de tus dispositivos, aunque ten en cuenta que no existe un antivirus efectivo al 100 %.

5.2. Rutinas para una navegación segura

Internet permite disfrutar de una gran cantidad de información de todo tipo, intercambiar ideas, experiencias y opiniones, hacer trámites y gestiones tanto con la empresa privada como con las Administraciones públicas. No obstante, como cualquier otra herramienta, hay que saber utilizarla. Por ello, a lo largo de este bloque, vas a aprender una serie de **rutinas** que debes poner en práctica para que tu navegación a través de la red sea lo más segura posible, aunque, como ya sabes, la seguridad al 100 % no existe.

Entre estas **rutinas,** destacan las siguientes:

- Comprueba la fiabilidad de las páginas web que visitas.

- No utilices siempre la misma contraseña y crea contraseñas seguras.

- Mantén el sistema debidamente actualizado.

---

[6] En el apartado 5.3 descubrirás cómo instalar y configurar un programa de Antivirus que te ayude a evitar intrusiones de archivos y programas dañinos para el ordenador.

- Evita los enlaces sospechosos.

- Descarga aplicaciones únicamente desde sitios web oficiales.

En primer lugar, debes **comprobar la fiabilidad de las páginas web que visitas.** Ten en cuenta que, para saber si una página es fiable o no, debes comprobar en la barra de direcciones del navegador si utiliza el protocolo **HTTPS.** Si pulsas en el candado que aparece en la barra de dirección verás información asociada con la identidad del sitio, comprueba que el certificado está vigente y que estás en el sitio correcto verificado por una empresa de confianza.

Si los datos comprobados no están correctos o la página no utiliza el protocolo HTTPS, sino simplemente HTTP, debes tener cuidado con la información que facilitas en esa página.

Recuerda que, por un lado, HTTPS es un protocolo de seguridad para el transporte de la información a través de la red, ya que la información entre cliente y servidor se transmite de forma **cifrada** y, si alguien accede a ella, su contenido no será legible. Por otro lado, en el caso de HTTP, la información transmitida, sí es interceptada, será legible puesto que no viene cifrada.

En segundo lugar, **no debes utilizar siempre la misma contraseña y has de crear contraseñas seguras.** Una contraseña es una clave que permite acceder a los diversos servicios de la Red, como puede ser el correo electrónico, las redes sociales, etc. Por ello, debes tener cuidado con las claves, porque si alguien las consigue puede comprometer tu privacidad, pudiendo entre otras cosas publicar contenido en tu nombre en las redes sociales, leer y contestar tus correos electrónicos, acceder a tu banca online, etc.

Para evitar el mal uso de las contraseñas, sigue estos **consejos:**

- Nunca facilites tus contraseñas. Al darlas a conocer, dejan de ser seguras y permites que otras personas accedan a tu información.

- Las contraseñas deben estar formadas por, al menos, 8 caracteres y contener mayúsculas, minúsculas, números y algún carácter especial.

- No utilices siempre la misma contraseña para todos los servicios.

- Ten cuidado con las preguntas de seguridad. Si las utilizas, que solo tú sepas las respuestas.

- Utiliza gestores de contraseñas, pues te ayudarán a tener almaacenadas de forma segura tus contraseñas.

En tercer lugar, has de **mantener el sistema operativo actualizado.** Una parte de las actualizaciones del sistema operativo se debe a problemas de seguridad que se han detectado y que convierten a las aplicaciones en vulnerables frente a determinadas amenazas.

Todas las aplicaciones disponen normalmente de opciones de actualización automática que pueden ser más o menos configurables. En el caso del sistema operativo Windows, dispones de la opción de **Windows Update** para auto-matizar las actualizaciones[7] y, en el caso de los navegadores, también puedes configurarlos para que se hagan automáticamente.

Otra de las rutinas que has de tener en cuenta para una navegación segura es **evitar los enlaces sospechosos.**

Es muy usual para atraer víctimas enviar por distintos medios enlaces que redi-reccionan a páginas web que tratan de infectarte. Estos enlaces muchas veces vienen camuflados como enlaces internos del texto marcado. Puedes encon-trarlos sobre todo en el correo electrónico, difusión de mensajes en chats, redes sociales etc. Si no estás seguro de su procedencia, a pesar de que te lo envíe

---

[7] Aprenderás cómo configurar la actualización automática con Windows Update en el apartado 6.1.1.

un contacto conocido, es importante que no hagas clic en ellos para evitar acceder a sitios web poco confiables.

Si sigues desconfiando del enlace, antes de pulsar en él puedes seguir los siguientes **pasos:**

1. Observa la dirección del enlace, ya que en las estafas de phishing pueden aparecer direcciones que son muy parecidas a las originales, pero que no son exactamente las mismas. Por ejemplo, en lugar de aparecer www.abanca.es aparecería www.a-banca.es.

2. En los enlaces que te lleguen por correo, si colocas el puntero del ratón encima del enlace, pero sin pulsar, en la parte inferior izquierda de tu pantalla podrás ver la dirección de la página a la que serás redirigido.

3. Comprueba las URL acortadas: hay algunas direcciones web (URL) que están acortadas para que sea más cómodo poder compartirlas, por ejemplo, en las redes sociales. Estas direcciones pueden tener fines dañinos. En la red hay servicios que permiten comprobar si ese enlace es legítimo.

4. Puedes pasar el enlace sospechoso por un escáner online de virus si lo consideras sospechoso.

En la Red hay servicios que permiten comprobar si los enlaces acortados tienen un origen legítimo o que puedes reconocer; por ejemplo, Unshorten.me Escanea el código QR y conoce esta aplicación.

Por último, otra rutina para una navegación segura es **descargar aplicaciones únicamente desde sitios web oficiales.**

Como regla general sigue siempre la máxima de no descargar ni ejecutar programas si no son seguros. Existen múltiples sitios web que ofrecen descargas no seguras que también incorporan software adicional, normalmente relacionado con publicidad. Si pasan desapercibidos durante el proceso de instalación, se alojarán en tu equipo o en tu navegador. Su objetivo es emitir constantemente mensajes publicitarios bien directamente o bien sustituyendo a los motores de búsqueda que tengas definidos en tu navegador. Toman el control de tu dispositivo ralentizando su uso y, sobre todo, impidiendo que tú lo utilices como creas conveniente.

Para evitar estas situaciones, los sistemas operativos de los dispositivos móviles disponen de tiendas oficiales para la descarga y actualización de aplicaciones. Estas, para ser aceptadas en la tienda oficial, pasan controles para poder ser compradas o actualizadas, e incorporan avisos respecto a la publicidad añadida.

Por su parte, el sistema operativo Windows ha adoptado el modelo de tienda para controlar, al menos, algunas de las aplicaciones que puedes instalar en tu ordenador basado en Windows.

5.3. El antivirus

Un **antivirus** es un desarrollo software que se encuentra activo de forma permanente, revisando todos los procesos que se ponen en marcha en tu dispositivo y todos los archivos con los que trabajas.

Un programa antivirus revisa:

- Cada archivo que te descargas y se almacena en tus dispositivos de almacenamiento.

- Cada programa que ejecutas o pones en marcha en tu sistema.

Durante la instalación de un programa antivirus, este se configura para ponerse en marcha nada más encender el dispositivo.

En el mercado existen distintos antivirus creados por diferentes empresas. Independientemente de la marca, estos son los **componentes principales** de un sistema antivirus que deberás tener en cuenta a la hora de realizar la selección:

• **Escudo o residente:** parte activa de un sistema antivirus, se pone en marcha una vez que se enciende el dispositivo TIC. Se queda en la memoria de este, activo y monitorizando todo lo que ocurre, desde los procesos que se ponen en marcha, hasta los archivos que descargas o los que proceden de una memoria externa que conectas o a los que accedes a través del correo electrónico.

Puedes saber si está en funcionamiento, ya que suele tener un icono que lo indica en sistemas operativos Windows, generalmente en la barra de estado, en la zona de notificaciones abajo a la derecha.

• **Motor de detección:** es la parte de ingeniería del antivirus, es el componente que compara los comportamientos, las cadenas o partes de los archivos con la base de datos de virus o comportamientos extraños. Trabaja con el componente anterior, en tiempo real, pero también puedes lanzar una revisión del equipo o una parte de este, por ejemplo, de un dispositivo de almacenamiento, cuando lo consideres oportuno.

Algunos sistemas antivirus avisan si llevas mucho tiempo sin hacer una revisión de este tipo en el equipo.

• **Desinfectador:** actúa cuando el motor de detección encuentra o intercepta un antivirus. En ese momento, pueden suceder dos cosas: que el antivirus sea capaz de devolver el archivo infectado a su versión original, esto es, libre de virus, o que no sea capaz.

El primer caso lo resolverá en segundos, informándonos del resultado, y, en el segundo, la solución será eliminar el archivo infectado.

Además de los componentes anteriores los sistemas antivirus suelen completarse con una interfaz que permite configurar distintos aspectos, como la frecuencia de la revisión del equipo, su «apagado puntual» según distintas circunstancias, la actualización manual de la base de datos de virus, etc. Los antivirus más completos suelen añadir una protección en los navegadores habituales y complementar su funcionalidad principal con un firewall, VPN, etc., aunque estas últimas suelen ser funcionalidades de pago.

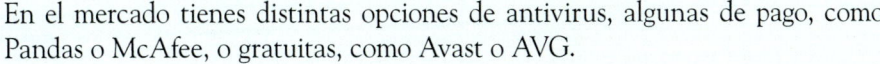

En el mercado tienes distintas opciones de antivirus, algunas de pago, como Pandas o McAfee, o gratuitas, como Avast o AVG.

Si tienes un antivirus instalado, debes **comprobar el estado del antivirus.** Si tienes un dispositivo tipo PC, de sobremesa o portátil, puede que viniese con una versión de prueba o puede que ya te hayas preocupado y tengas instalado un sistema de protección.

En un sistema basado en Windows, sigue los **pasos** siguientes:

1. Accede a la configuración de Windows y, desde ella, al apartado **Actualización y seguridad**.

2. De las opciones disponibles pulsa en **Seguridad de Windows**.

3. En el panel de control de Seguridad de Windows, pulsa en el área de protección denominada «**Protección contra virus y amenazas**».

4. En ella se te informa si tienes instalado un sistema antivirus, su estado y si necesita alguna intervención.

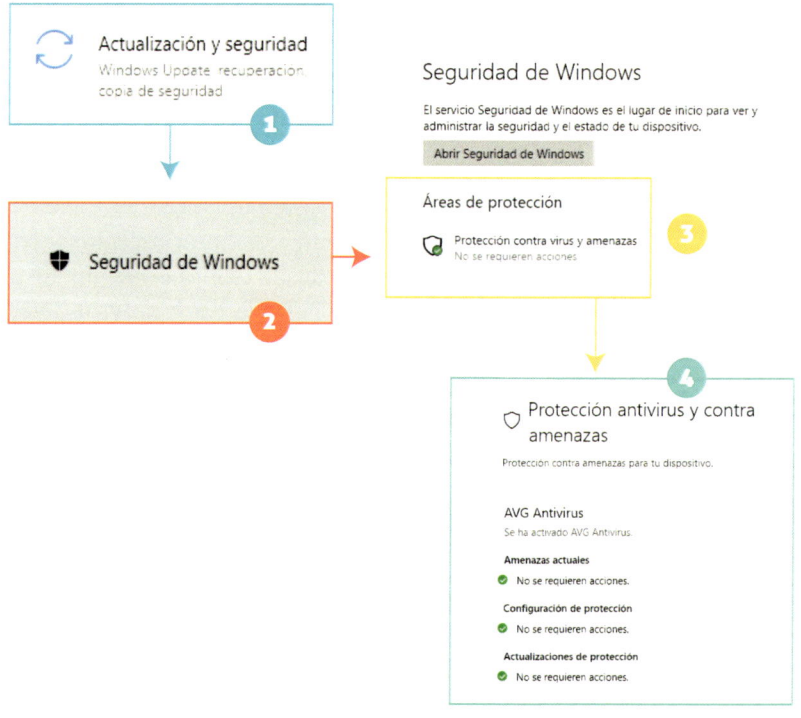

Si no tienes instalado un antivirus, podrás dar los siguientes **pasos** necesarios para su instalación en Windows:

1. Accede a la página oficial de descargas de AVG y pulsa en el botón **Descarga gratuita**.

2. Fíjate en el mensaje de agradecimiento. Si la descarga no comienza de forma automática, te ofrece la posibilidad de forzarla.

3. Las descargas se almacenan en la carpeta **Descargas**. En este caso, la imagen está tomada de un navegador Chrome donde aparecen las descargas en la parte inferior de la ventana del navegador.

4. Una vez finalizada la descarga, puedes hacer doble clic sobre el nombre del archivo de instalación, o bien abrir la carpeta donde se encuentra y ejecutarlo desde allí.

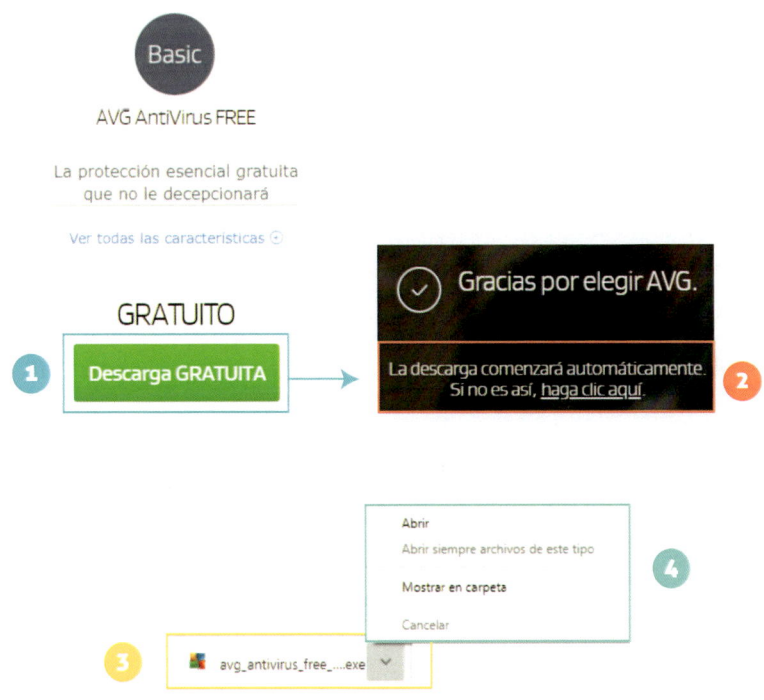

5. En esta imagen de muestra puedes ver los preparativos para la instalación del sistema antivirus.

6. En la pantalla de inicio de la instalación, desmarca la instalación del AVG Secure Browser, que es un navegador del mismo fabricante que el antivirus.

7. Pulsa en el botón **Instalar**.

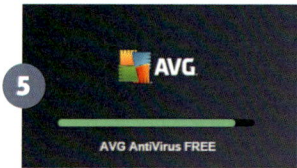

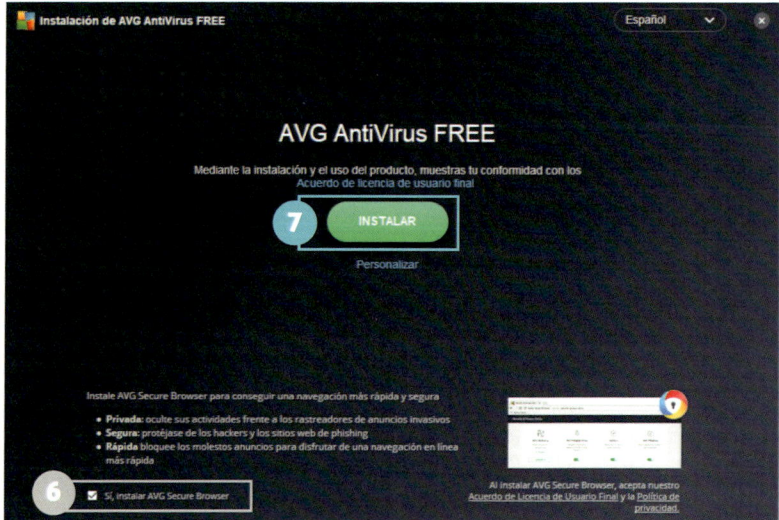

8. Cuando aparece esta pantalla ya casi ha terminado el proceso de instalación. Pulsa en el botón **Continuar**.

9. Tú decides sobre si te importa compartir datos con AVG. Revisa las condiciones y pulsa en una de las opciones para continuar el proceso.

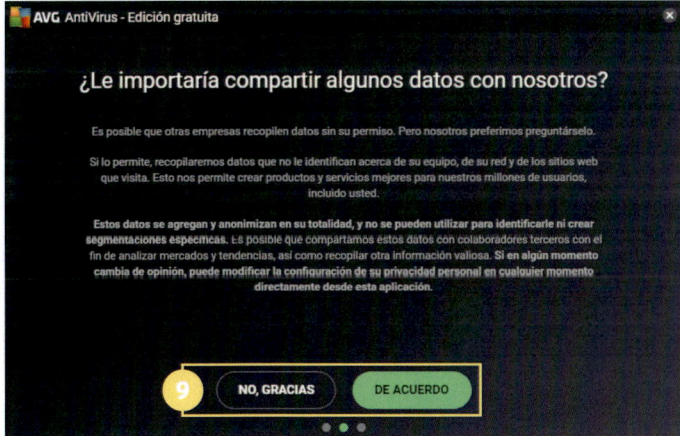

10. Es el último paso lógico, una vez has instalado un sistema antivirus, hacer un análisis de todo el equipo. En este caso AVG, analiza:

- El **navegador,** por si alguno de sus complementos puede suponer un problema.

- El **disco duro** del equipo en busca de malware.

- Lo que denomina «**Problemas avanzados**» es lo que en esta versión gratuita no solucionará de forma automática, pero te ofrece una versión de prueba o la posibilidad de actualizar a la versión de pago.

En cualquier momento puedes detener el proceso de análisis pulsando en el botón **Detener análisis**. Si llegas al final del proceso, pulsa en el botón **Omitir por ahora** y confirma.

11. Cuando veas que en pantalla aparece el mensaje **Análisis finalizado** ya ha terminado el análisis inicial del equipo.

12. Deja marcada la casilla de **Análisis inteligente** para que este se ejecute de forma automática una vez al mes. De esta forma AVG revisa todo el equipo sin que tengas que encargárselo de forma explícita, aunque igualmente puedas hacerlo cuando lo consideres oportuno.

13. Haz clic en el botón **Listo**.

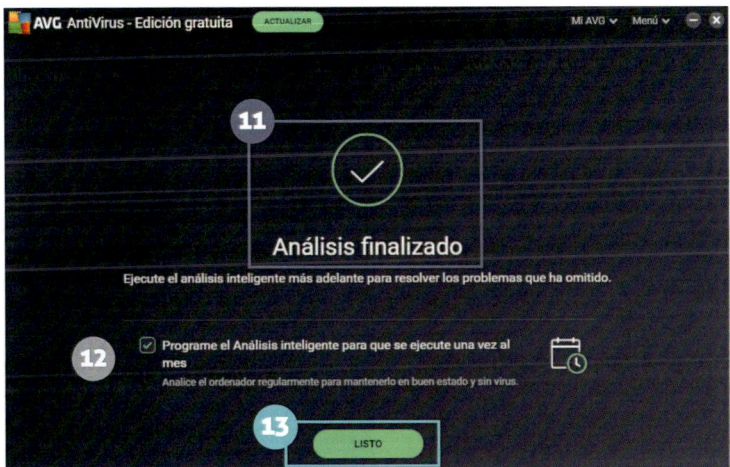

No olvides que durante todo este proceso puede que AVG te ofrezca información adicional sobre seguridad.

Cuando visualices la pantalla **Tiene la protección básica,** cierra la ventana de AVG.

La mayoría de las soluciones de sistemas antivirus incorporan una vez instalados un icono en la barra de estado o en la zona de notificaciones que te permite comprobar su estado y acceder a su interfaz y a algunas acciones rápidas. Para saber qué **funcionalidades** ofrecen, accede a la barra de estado del sistema operativo Windows y busca el icono de AVG:

1. Si pulsas con el botón izquierdo del ratón sobre el icono de AVG, te aparece información sobre si estás protegido. En este caso, AVG está funcionando perfectamente.

2. Si pulsas con el botón derecho del ratón sobre el icono de AVG accedes a una serie de funcionalidades, de la que la primera es **Abrir**.

3. La siguiente funcionalidad del botón derecho es **Analizar equipo**, realiza el mismo análisis que ya has realizado durante el proceso de instalación.

4. La opción de **La protección está activada** aparece cuando el deslizador está en verde; puedes desactivarla de forma temporal, pero esto no suele ser una necesidad habitual.

Ha llegado el momento de descubrir qué funciones puedes realizar con él. Puedes configurarlo para que de manera automática realice análisis del equipo o de las partes de él que te interesen. Además, el antivirus puede hacer de manera explícita otras **funciones** como:

• **Actualizar la definición de virus:** normalmente se realiza de forma automática. Si quieres comprobar si está al día o deseas forzar su actualización, sigue los siguientes pasos una vez hayas accedido a la interfaz:

  1. Pulsa en el icono que se encuentra a la derecha del rótulo: **Definición de virus: hace X días**.

  2. AVG se conecta con sus bases de datos y comprueba si existen actualizaciones, tanto de la base de datos de virus como de la aplicación. En todo momento te informa de lo que hace y del resultado de sus acciones.

  Cuando AVG haya finalizado de comprobar la actualización o de actualizarse, pulsa en el botón **Cerrar**.

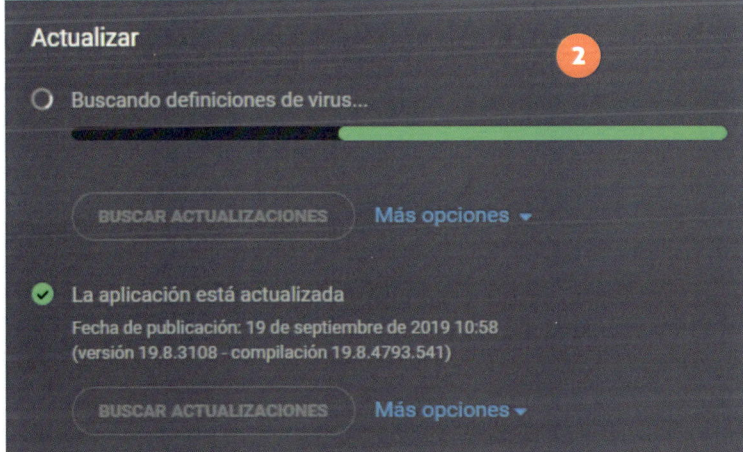

- **Análisis del equipo:** aunque hayas programado en la instalación inicial el que se realice un análisis programado, en algún momento podría interesarte lanzar un análisis de forma explícita. Para ello, deberás pulsar directamente en el botón **Analizar equipo**.

- **Análisis de archivos o carpetas:** mediante esta funcionalidad puedes analizar únicamente el contenido de una carpeta, de un archivo o un único dispositivo de almacenamiento de datos completo. Para ello, abre el **Explorador de archivos** y busca los dispositivos de almacenamiento que tienes conectados en el equipo. A continuación, deberás seguir los pasos siguientes:

1. Sobre el dispositivo que quieras analizar (puedes hacerlo también sobre una carpeta) pulsa en él con el botón derecho.

2. En el menú contextual, selecciona la opción **Analizar los elementos se-leccionados**.

3. Comienza el proceso de análisis, archivo a archivo, así que, en función del número de archivos, tardará más o menos.

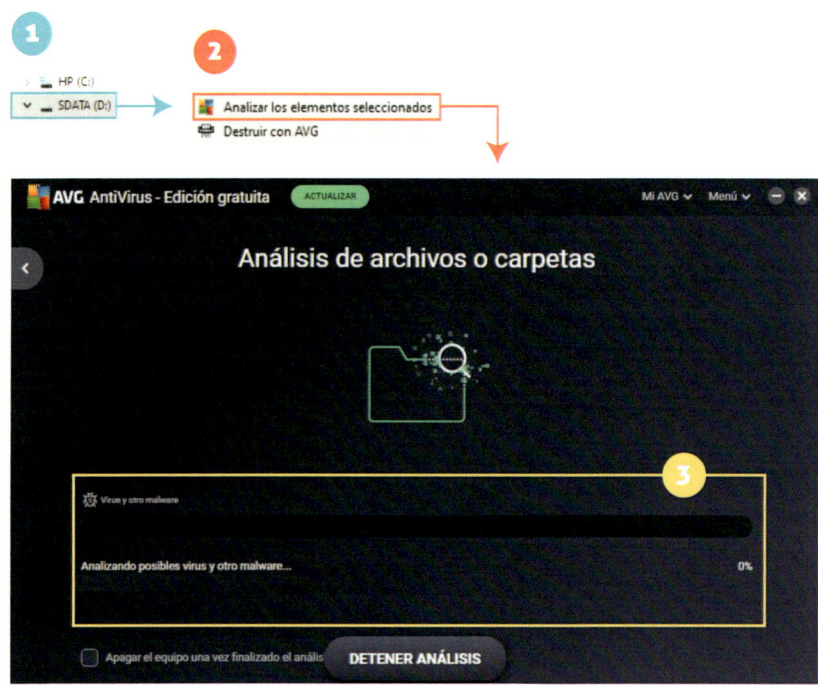

En el menú contextual, puedes ver otra opción, Destruir con AVG. Esta funcionalidad elimina de forma segura los archivos del dispositivo de almacenamiento. Si se activa esta opción, no podrás recuperarlos, ya que no pasan por la papelera de reciclaje.

CONCLUSIONES

En esta unidad didáctica has aprendido que:

- La seguridad de los dispositivos TIC es fundamental. Para mantener correctamente el equipo, es importante hacer algunas tareas, como crear copias de seguridad de los archivos, tener el sistema operativo actualizado, activar el firewall o tener un antivirus instalado en el ordenador.

- Los términos de seguridad no solo se refieren a lo que ocurre en el ordenador. Una de las mayores brechas de seguridad puede ocurrir a través de la navegación por la Red y hay que tomar precauciones para evitar que los datos se vean comprometidos.

AUTOEVALUACIÓN

1. Explica tres tipos de malware que pueden poner en peligro la seguridad de la información de tus dispositivos y describe una medida de prevención que puedas aplicar para no ser infectado por uno.

2. El firewall protege la seguridad del ordenador al bloquear la entrada y salida de información no autorizadas dentro de un equipo.

a. Verdadero.
b. Falso.

3. El programa que registra lo que escribes en el teclado del ordenador se llama:

a. Phishing.
b. Gusano.
c. Keylogger.
d. Spyware.

4. Para mayor seguridad las copias de seguridad debes almacenarlas en la nube, porque así evitas que la información puede ser atacada.

a. Verdadero.
b. Falso.

5. El firewall del sistema operativo es una medida de seguridad de:

a. Software.
b. Hardware.
c. Software y hardware.
d. El sistema operativo no dispone de firewall.

6. De las siguientes contraseñas, ¿cuál es la que presenta una mayor seguridad?

a. 19750317
b. CAsa3%
c. ed1tori4l
d. c0nTrA$eñ4!

7. El componente de un sistema antivirus que está activo de forma permanente en tus dispositivos se denomina:

a. Escudo o residente.
b. Motor de detección.
c. Desinfectador.
d. Cuarentena.

SOLUCIONES

1. b. Virus informático, spyware y phishing.

En primer lugar, virus informático es un programa que puede estar escondido en un archivo o instalador de programa. Para evitar una infección con un malware de este tipo, puedo tener activo y actualizado el antivirus, además, es conveniente solo descargar contenidos de la Web de lugares oficiales y con los certificados de seguridad al día.

En segundo lugar, spyware es un recopilador de datos para enviárselos a un tercero sin autorización, los mecanismos de infección son los mismos que en el caso de los virus. Otra medida que puedo aplicar es no clicar en anuncios emergentes y utilizar bloqueadores de ventanas emergentes o pinchar en enlaces de mensajes de texto o WhatsApp de los que no conocemos al remitente.

En tercer lugar, phishing es una forma de suplantar un sitio oficial para recopilar datos sensibles. Una buena práctica sería confirmar que la página en la que estoy cumple con los certificados y la URL no contiene caracteres raros o subdominios.

2. a. Verdadero. El firewall es una medida preventiva para la seguridad de red del ordenador, para hacerlo, controlan la información que entra y sale del ordenador.

3. c. Las aplicaciones que registran las pulsaciones que el operador realiza en el teclado se llaman keylogger.

4. b. Falso. La información almacenada en la nube no está exenta de que pueda ser atacada en cualquier momento.

5. a. El firewall del sistema operativo es una aplicación, por tanto, es una medida de seguridad de software.

6. d. cOnTrA$eñ4! es la propuesta de contraseña más segura. Recuerda, deben tener al menos ocho caracteres y deben incluir siempre mayúsculas y minúsculas, números y algún carácter especial.

7. a. El escudo es el componente que monitoriza todo lo que ocurre en un dispositivo TIC.

6 Resolución de problemas

Objetivos

- Conocer la importancia del mantenimiento de los ordenadores para la resolución de problemas.

- Identificar las herramientas que facilita el sistema operativo para el mantenimiento del software.

- Mantener actualizado el sistema operativo.

- Desfragmentar las unidades de disco.

- Eliminar procesos en ejecución en el Inicio y desinstalar aplicaciones y extensiones de navegadores para liberar espacio en disco.

- Recuperar información desde ficheros eliminados de la papelera hasta restaurar copias de seguridad.

Contenidos

6. Resolución de problemas
   6.1. Mantenimiento del sistema operativo (actualizaciones, escaneo de discos, desfragmentación)
       6.1.1. Actualización del sistema operativo
       6.1.2. Escaneo de discos
       6.1.3. Desfragmentación de unidades
       6.1.4. Otras tareas de mantenimiento

6.1. Mantenimiento del sistema operativo (actualizaciones, escaneo de discos, desfragmentación)

Los ordenadores y dispositivos móviles, como cualquier elemento físico, requieren de un mantenimiento periódico. La frecuencia del mantenimiento se determina por el uso del dispositivo y las actualizaciones que publican las aplicaciones. Como regla general, al menos, debería hacerse cada 6 meses.

Muchos problemas no son provocados por el mal funcionamiento del hardware, sino por el software. Un mal mantenimiento del software conlleva una mala ejecución de las aplicaciones, caídas del sistema, continuos mensajes de error, ralentización de las operaciones del sistema operativo, etc.

Cuando tienes un ordenador o dispositivo móvil normalmente te preocupas del hardware, es decir, si el dispositivo no arranca o no responde a tus indicaciones, por ejemplo, a través de la pantalla táctil o del ratón, seguro que lo primero que piensas es que es un error del hardware, que falla la memora RAM, el disco duro, etc. La solución inmediata sería llevarlo a una empresa especializada para que lo revisase y efectuase las reparaciones adecuadas, tanto de hardware como de software.

Muchos usuarios tienen la idea de que si el sistema operativo de los equipos arranca bien no hay ningún problema. No tienen en cuenta el conjunto de servicios y programas que se ponen en marcha. Verificar que todo funciona de forma correcta es fundamental para poder trabajar o disfrutar de un dispositivo TIC.

Los procesos de mantenimiento pueden diferenciarse en varios **tipos:**

- **Mantenimiento preventivo:** revisión del software para evitar posibles problemas de seguridad, operatividad, etc., que puedan surgir.

- **Mantenimiento correctivo:** revisión y corrección de problemas de seguridad, estabilidad, errores en el código, falta de rendimiento a causa del hardware, etc.

- **Mantenimiento adaptativo:** actualizaciones o cambios del sistema operativo que puedan suponer que alguna herramienta deje de funcionar óptimamente.

- **Mantenimiento predictivo:** servirá para conocer en qué momento se va a producir un fallo. Está relacionado con los elementos del hardware, ya que se puede estimar la durabilidad de un sistema de almacenamiento o su probabilidad de fallos debido a las horas de uso. Este es habitual en empresas y para equipos profesionales.

Ahora que ya sabes los diferentes tipos de mantenimiento que existen, aprenderás a actualizar el sistema operativo, escanear discos, desfragmentarlos y otras tareas de mantenimiento muy útiles para mejorar el rendimiento de los dispositivos.

6.1.1. Actualización del sistema operativo

Ningún programa está libre de tener algún fallo de software que puede afectar al rendimiento o a la seguridad del dispositivo. En el momento en que se detecta, el equipo de programación de software y los fabricantes de los ordenadores trabajan para resolverlo lo antes posible. Las soluciones suelen ofrecerse como una actualización o «parche de seguridad».

Ciertos sitios de la Red ofrecen actualizaciones falsas que al instalarlas en el equipo pueden provocar un fallo. Por ello, es importante que estas provengan de los propios fabricantes y desarrolladores de software. Tanto el sistema operativo Windows y otros como Android o iOS han centralizado el proceso de actualizaciones a través de las utilidades que vienen implantadas en los propios sistemas.

Todas las aplicaciones disponen normalmente de opciones de actualización automática que pueden ser más o menos configurables. En el caso de sistemas operativos, dispones de la opción **Windows Update** para automatizar las actualizaciones.

Para ajustar las actualizaciones de tu sistema operativo, debes dar los siguientes **pasos:**

1. Accede a la opción **Configuración** de Windows.

2. Haz clic en la opción **Windows Update** de **Actualización y seguridad**.

3. En **Windows Update** se muestra el estado actual en relación con la actualización de tu sistema operativo, si está actualizado, si necesita hacer algún proceso para completar su actualización, etc.

4. Si necesitas ajustar en qué momentos se deben realizar y descargar las actualizaciones, pulsa en **Opciones avanzadas** y ajusta lo que necesites.

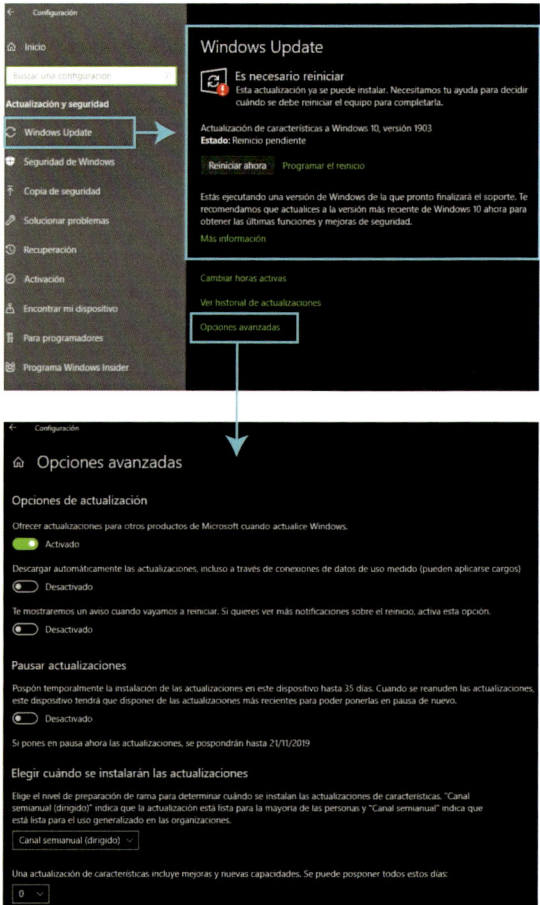

En los dispositivos móviles, el sistema de actualización sigue un método diferente. El sistema de **tienda de aplicaciones** avisa de las actualizaciones que están disponibles para que puedas realizar el proceso previa autorización. Es importante que revises los ajustes de este proceso ya que suelen consumir datos, muchos o pocos en función de las actualizaciones.

En la imagen puedes ver las opciones de ajuste en un sistema operativo Android, a través de ellos puedes especificar que solo actualice las aplicaciones cuando estás conectado a una red wifi, por ejemplo.

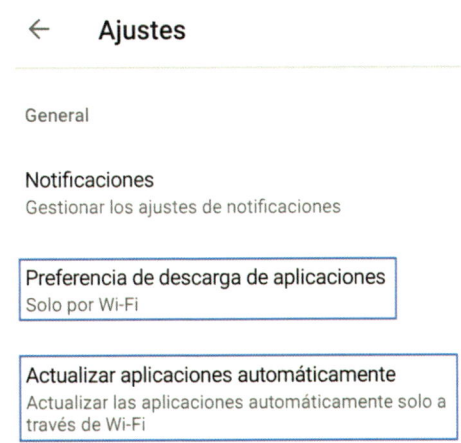

6.1.2. Escaneo de discos

Uno de los componentes más sensibles o propensos a fallos en un equipo informático son los dispositivos de almacenamiento y, concretamente, los discos duros, sean mecánicos (HDD) o de estado sólido (SSD). Como cualquier otro elemento físico del ordenador, estos pueden afectar a la integridad de tus datos y a la vida útil del dispositivo, por lo que es recomendable escanear los discos para comprobar los errores que puedan tener.

Si el dispositivo de almacenamiento es el principal en el sistema, es decir, el que contiene el sistema operativo, puede que a raíz de pequeños fallos surjan diversos problemas, como apagados o reinicios del sistema, no poder acceder a un fichero o aplicación por estar en un sector dañado, que los programas se bloqueen, etc.

Si detectas este tipo de fallo, puedes recurrir a una herramienta del sistema operativo que se llama «**Comprobación de errores**». Esta utilidad testará el disco duro y, si encuentra partes dañadas, las marcará como sectores defectuosos para que no se vuelvan a utilizar.

Para **ejecutar la Comprobación de errores** sigue estos **pasos:**

1. Desde el **Explorador de archivos**, pulsa con el botón derecho del ratón encima de la unidad de disco sobre la que deseas hacer la comprobación.

2. Selecciona la opción **Propiedades**.

3. Luego visualiza la pestaña **Herramientas**.

4. Pulsa **Comprobar.** Cuando finalice, indicará si ha detectado algún error.

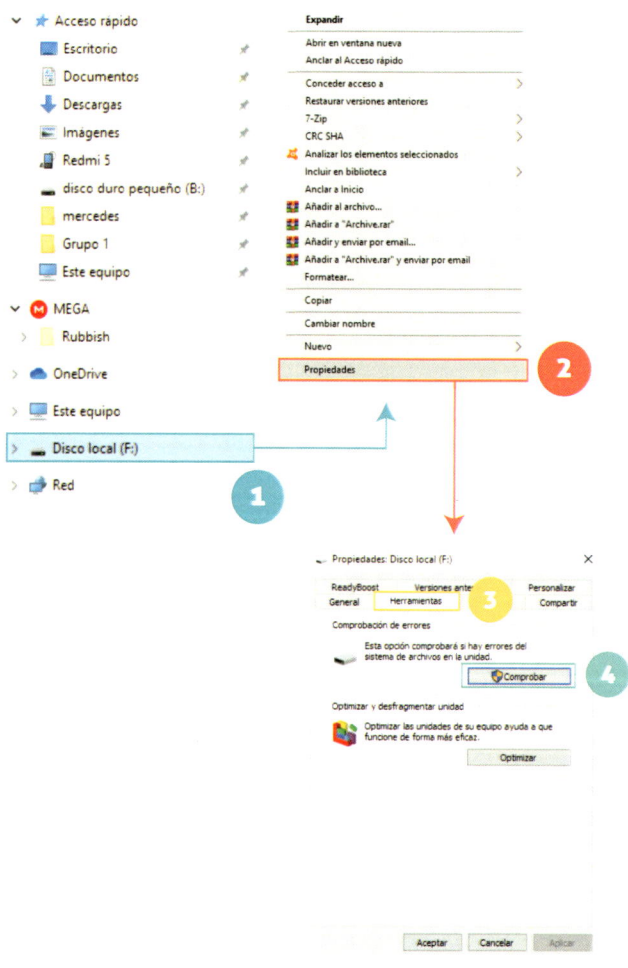

6.1.3. Desfragmentación de unidades

Cuando estrenas un dispositivo de almacenamiento, a medida que vas guardando tu contenido, tanto de datos o instalando programas, toda esta información se almacena de forma consecutiva.

Con el proceso de uso habitual, con el paso del tiempo y tu actividad cotidiana vas eliminando archivos, creando estructuras de carpetas, moviendo datos, instalando y desinstalando programas, etc. Todas estas acciones provocan que se creen huecos entre los bloques de datos. Para aprovechar estos huecos, el sistema operativo divide la nueva información en las partes que sean necesarias para poder ocupar estos huecos vacíos.

Este hecho se conoce como fragmentación y puede afectar seriamente al rendimiento del disco duro, ya que puede retrasar mucho la localización de un archivo en el disco.

Las herramientas de **desfragmentación** reorganizan los datos del disco duro para que toda la información relacionada con la misma aplicación o el mismo archivo queden almacenados de forma contigua.

En la siguiente imagen puedes apreciar lo fragmentado que está una unidad de disco. También puedes observar las claves que representa cada color para diferenciar los sectores del disco que están vacíos, los que no están fragmentados, los que están fragmentados, etc.

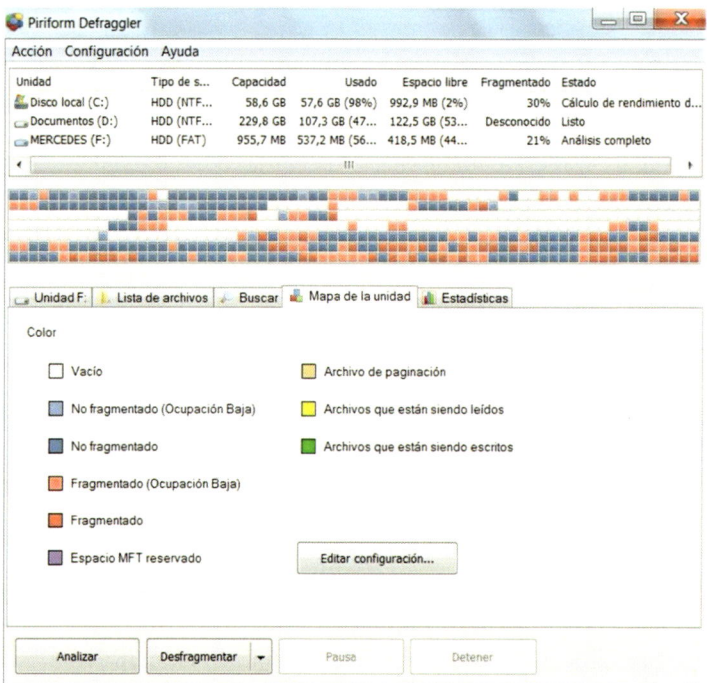

La desfragmentación del disco duro es una de las actividades más efectivas que puedes hacer para mejorar el rendimiento del equipo, aunque sea también uno de los procesos que más tiempo lleva.

Para el proceso de desfragmentación de un dispositivo de almacenamiento convencional, por ejemplo, un disco duro que se encuentre en el portátil o un equipo de sobremesa, puedes utilizar la herramienta de desfragmentación que trae el sistema operativo Windows.

Desde las últimas versiones del sistema operativo este se encarga de forma automática que de que tus discos no estén fragmentados, no obstante, puedes iniciar este proceso igualmente de forma manual.

Para aprender cómo llevarlo a cabo, sigue los **pasos para hacer un desfragmentado:**

1. En **Inicio**.

2. Localiza la carpeta **Herramientas administrativas de Windows**.

3. Abre el programa **Desfragmentar y optimizar unidades**.

4. En la ventana del desfragmentador aparecen listadas todas las unidades conectadas al equipo. Selecciona la unidad que quieras optimizar.

5. Pulsar **Analizar** para comprobar si es necesario o no desfragmentarla. Al finalizar el proceso, si la unidad de disco está muy desfragmentada, indicará que requiere optimización.

6. Si deseas desfragmentar esa unidad de disco porque en la columna **Estado Actual** tienes un porcentaje alto, lo cual indica que la unidad está muy fragmentada, pulsa en **Optimizar** para proceder a la desfragmentación. Si la unidad de disco está muy fragmentada, indicará que requiere optimización.

7. Pulsa en **Optimizar** para proceder a la desfragmentación.

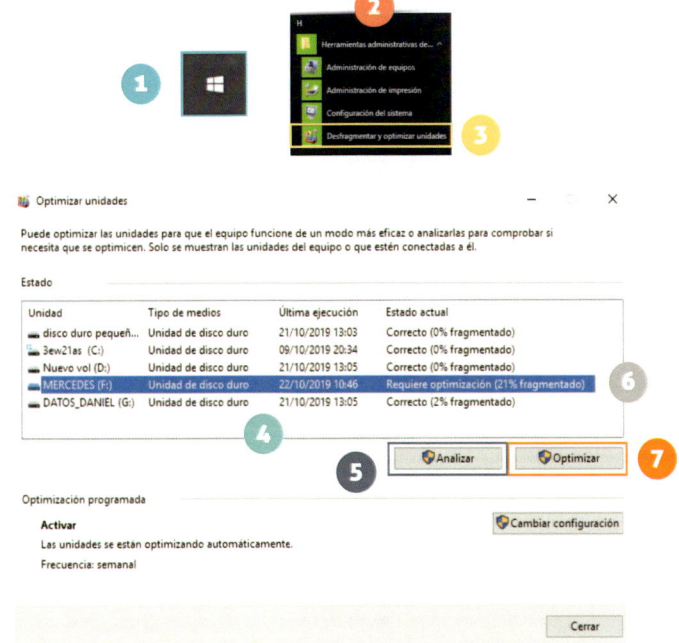

Este proceso es para aquellos discos duros que utilizan componentes mecánicos para el proceso de guardado y recuperación de la información, los HDD. Existe otro tipo de memoria, denominada «SSD».

Una **unidad SSD** es una unidad de almacenamiento de estado sólido que está conformada por una gran cantidad de memorias (según su tamaño) de tipo no volátil, es decir, que no pierden su contenido en cuanto cesa su alimentación.

Los SSD no necesitan ser desfragmentados, ya que no cuentan con elementos físicos que se muevan para ubicar la información. Si realizas un proceso de desfragmentación a un disco de tipo SSD, lo único que conseguirás es reducir su esperanza de vida.

Microsoft no permite que se realicen desfragmentaciones a los SSD desde Windows 7, pero lo que sí permite es hacer TRIM. Este comando elimina definitivamente la información del SSD que no utilizamos para que a la hora de escribir nueva información pueda hacerlo de una forma más eficaz.

6.1.4. Otras tareas de mantenimiento

Otras **tareas de mantenimiento** para mejorar el rendimiento del ordenador porque liberarán recursos de la memoria son:

- Gestionar los recursos con el **Administrador de tareas.**

- Desinstalar programas y aplicaciones.

- Gestionar la papelera de reciclaje.

- Restaurar copias de seguridad.

- Liberar espacio en disco con programas de mantenimiento.

Una forma de liberar recursos de la memoria RAM es desactivar los elementos que se inician automáticamente con Windows. Cuantos más programas se estén ejecutando al mismo tiempo, consumirán más memoria RAM. Esto puede provocar un mal funcionamiento del equipo o una pérdida de rendimiento. Para gestionar los recursos que utiliza el ordenador, está el **Administrador de tareas**.

El **Administrador de tareas** es una aplicación integrada en los sistemas operativos de Windows, de la que se puede obtener información de los programas y procesos que se ejecutan en el equipo, además, proporciona los indicadores de rendimiento más utilizados en el equipo.

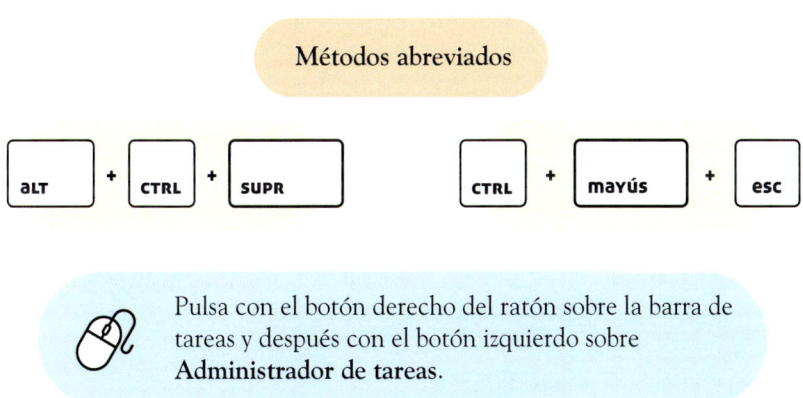

Dependiendo de la configuración del equipo, puede que, para completar el acceso, tengas que elegir en el menú que te aparecerá la opción de **Administrador de tareas** e introducir la clave de administración del sistema.

La primera ficha del **Administrador de tareas** es la de **Procesos**. Ahí puedes consultar información de las aplicaciones o programas que se encuentran en ejecución, por ejemplo, el nombre, estado, porcentaje de utilización de la CPU, porcentaje de uso de la memoria, etc.

Si detectas que una aplicación que se está ejecutando no responde, puedes cesar su ejecución siguiendo los **pasos:**

1. Accede al **Administrador de tareas**.

2. Busca aplicación o proceso que quieres finalizar y márcala.

3. Pulsa en el botón **Finalizar tarea** y confirma la acción.

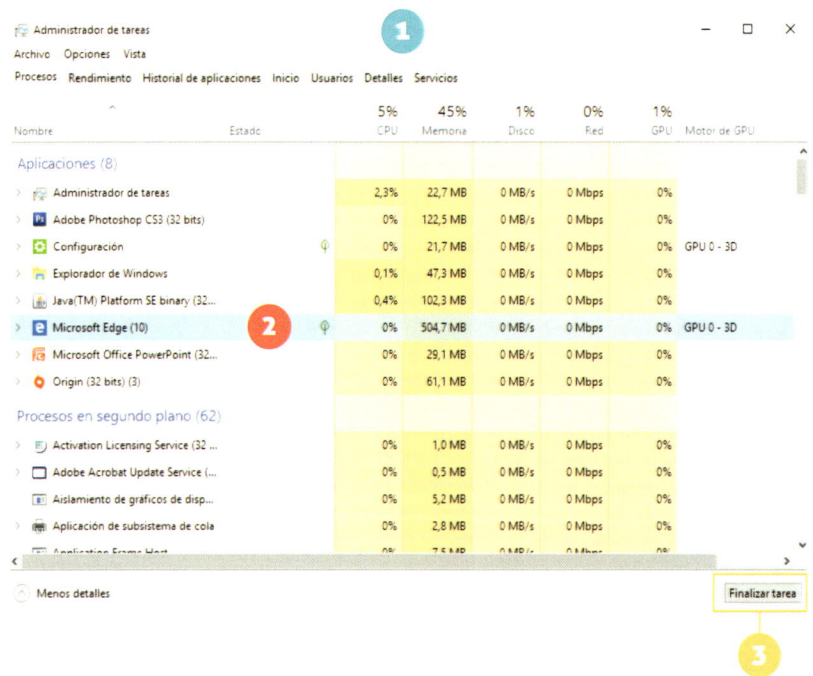

Puede que la ventana del **Administrador de tareas** solo muestre los programas activos y no la lista completa de elementos activos en ese momento. Para ampliar la vista de la herramienta en **Más detalles** para ver todos los procesos que hay activos.

Seguro que si revisas tu ordenador encuentras que con el paso del tiempo has instalado aplicaciones que ahora ya no utilizas. Estas ocupan espacio en el disco al mismo tiempo que aumenta el número de aplicaciones en ejecución y, por lo tanto, el consumo de recursos, tanto de la memoria como del procesador, provocando que a veces el equipo vaya más lento.

Otra tarea de mantenimiento que debes tener en cuenta es **desinstalar programas y aplicaciones.**

El problema es determinar qué aplicaciones son las que puedes eliminar, sobre todo en el caso de los ordenadores o tablets cuando son compartidos por más de una persona. Si eres el único usuario, lo tendrás un poco más fácil para identificar las aplicaciones que ya no utilizas.

En los ordenadores de sobremesa o portátiles con sistema operativo Windows, los ficheros de las aplicaciones instaladas se copian en una carpeta que se crea durante el proceso de instalación de la aplicación. Cada aplicación crea un nuevo espacio, una nueva carpeta, dentro de la carpeta **Archivos de programas.** En este proceso se modifican partes del sistema operativo, concretamente el componente denominado «Registro de Windows». Por este motivo, no es suficiente con eliminar la carpeta, sino que se debe utilizar la utilidad de Windows para desinstalar los programas.

De esta manera, se podrá no solo eliminar la carpeta de archivos que se crearon en el ordenador durante la instalación, sino también rectificar las modificaciones que la instalación de programas realiza en el mismo sistema operativo, especialmente en el registro del sistema.

Para **desinstalar un programa** en Windows debes seguir estos **pasos:**

1. Pulsa en el botón de **Inicio** de Windows.

2. Pulsa en **Configuración**.

3. Haz clic en **Aplicaciones** y espera que se cargue el listado de aplicaciones instaladas en el equipo.

4. Selecciona la aplicación que deseas desinstalar marcándola con el ratón.

5. Pulsa en **Desinstalar**.

De esta manera comenzará el proceso de desinstalación y, cuando finalice, ya se habrá eliminado del ordenador.

Lo mismo que sucede en los dispositivos de Windows, pasa en los móviles que usan Android; es decir, que no podrás borrar la carpeta creada durante la instalación de la aplicación que ahora quieres eliminar, porque esto podría ocasionar un mal funcionamiento del sistema operativo, que ha sido modificado con la presencia del programa.

Existen varias formas para desinstalar una aplicación en Android, depende principalmente de la marca del dispositivo. Primero vamos a aprender cómo se desinstalan desde el menú de aplicaciones, para que te sirva para cualquier modelo de dispositivo.

Para **desinstalar una aplicación en Android**, sigue estos **pasos:**

1. Busca la app de **Ajustes** o **Configuración** y pulsa en ella.

2. Una vez dentro, selecciona **Aplicaciones**.

3. Marcar la aplicación que desees desinstalar.

4. Pulsa en el botón **Desinstalar** y confirma, si es el caso, la acción.

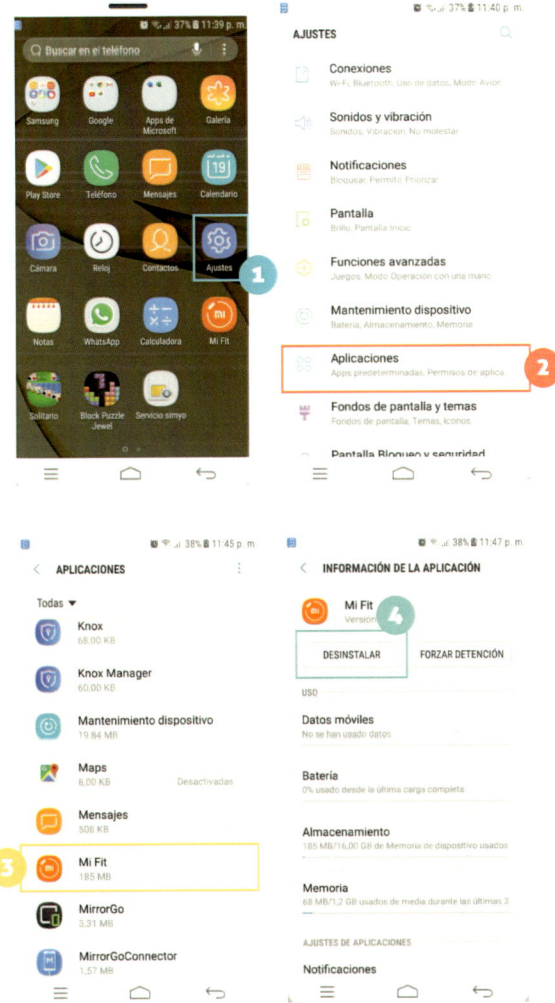

En los dispositivos móviles hay aplicaciones preinstaladas en el sistema operativo y que forman parte de la implementación del fabricante. Por lo tanto, no se pueden desinstalar. Si quieres que estos programas no interfieran en el funcionamiento del móvil tienes la opción de desactivarlos para que, al menos, no consuma recursos.

Al **desactivar una aplicación,** esta no se podrá utilizar y, además, se desinstalarán las actualizaciones que se hayan instalado a lo largo del tiempo, con lo que, por lo menos, conseguirás liberar espacio y recursos del teléfono.

Para **desactivar una aplicación en Android**, fíjate en los siguientes pasos:

1. Busca la app de **Ajustes** o **Configuración** y pulsa en ella.

2. Selecciona **Aplicaciones**.

3. Marcar la aplicación que desees desactivar.

4. Pulsa en el botón **Desactivar** y confirma, si fuese necesario, la acción.

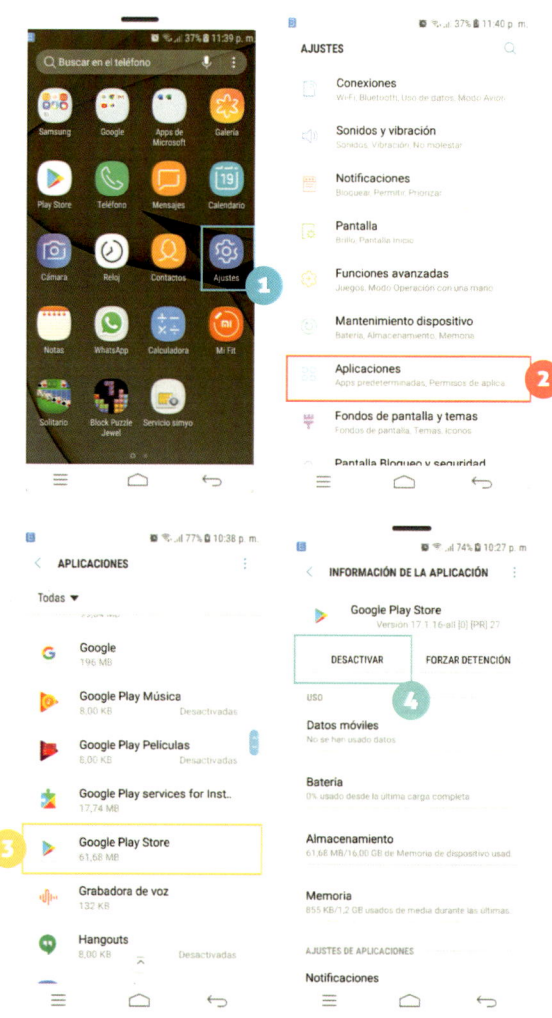

Otra tarea de mantenimiento para liberar recursos de la memoria RAM es aprender a **gestionar la papelera de reciclaje.** Conviene conocer cómo funciona para evitar sustos a la hora de manejarla. Los archivos que pasan por este espacio pueden ser eliminados para siempre, sin posibilidad de recuperación.

La **papelera de reciclaje** es un espacio donde se almacena, de forma temporal, toda la información que eliminas, por si en algún momento necesitaras recuperarla. Ten en cuenta que la papelera de reciclaje tiene una determinada capacidad de almacenamiento y, mientras no se llena, la información permanece ahí, lo cual puede provocar que tengas información que has eliminado hace mucho tiempo ocupando espacio en el sistema.

Por lo tanto, es conveniente revisarla de vez en cuando para eliminar de ella la información que ya no es necesaria y que está ahí guardada. De esta manera, podrás recuperar espacio de la unidad de almacenamiento. Además, con esta operación, eliminas de forma definitiva los archivos que en un acceso no autorizado o indebido pueden ser recuperados.

Las principales operaciones que necesitas conocer para mantener la papelera de reciclaje controlada son recuperar elementos y vaciarla.

Cuando eliminas elementos, como ya sabes, estos se almacenan en la papelera de reciclaje por lo que, mientras permanezcan en ella, puedes recuperarlos. Siempre cabe la posibilidad de que los hayas borrado por error o que necesites recuperar una versión anterior del mismo documento.

Cuando restauras un elemento de la papelera vuelve automáticamente a la misma ubicación desde la que fue eliminado. En el caso de que la carpeta ya no exista, la vuelve a crear, para poder dejar el documento recuperado en su ubicación original.

También puedes recuperar el elemento a otra ubicación distinta de la que se borró. Para ello, hay que arrastrarlo desde la papelera a la nueva ubicación.

Para **restaurar un elemento de la papelera** sigue los siguientes pasos:

1. Abre la **Papelera de reciclaje** haciendo un doble clic sobre ella.

2. Selecciona el fichero o los ficheros a recuperar.

3. Haz clic en **Restaurar los ficheros seleccionados.** Si deseas recuperar todos los ficheros, no es necesario seleccionarlos, solo tienes que pulsar en el icono **Restaurar todos los elementos**.

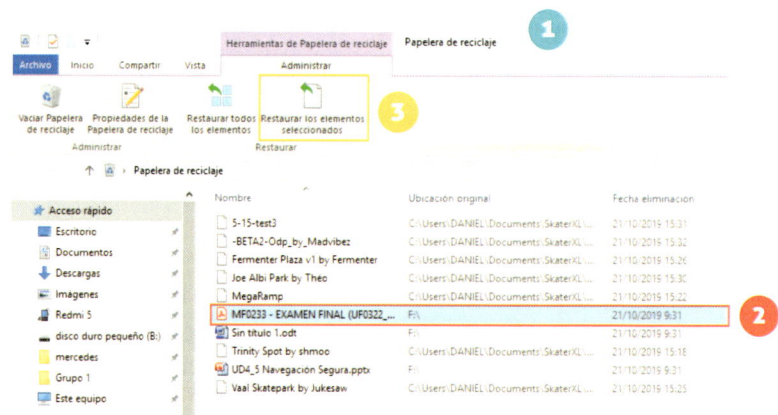

Cuando la papelera está muy llena, o quieres eliminar todos los elementos almacenados en la misma para recuperar espacio en el disco, debes tener en cuenta que al vaciar los elementos de la papelera de reciclaje estos se eliminan definitivamente.

Además, cuando la papelera alcanza el tamaño máximo definido y ya no puede almacenar más elementos eliminados, de manera automática los elementos que llevan más tiempo en la papelera de reciclaje se eliminan para dejar espacio y poder seguir almacenando los elementos siguientes que se vayan borrando.

Para **vaciar la papelera** sigue los siguientes pasos:

1. Abre la **Papelera de reciclaje** haciendo un doble clic sobre ella.

2. Haz clic en **Vaciar papelera de reciclaje**.

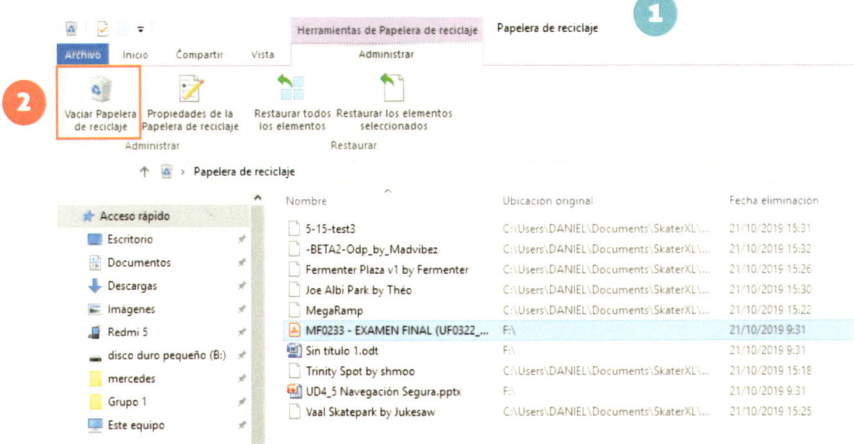

Si has vaciado la papelera y necesitas recuperar algún archivo, existen opciones de software especializado como, por ejemplo, **Recuva.** Escanea el código QR y descubre cómo puede ayudarte.

Ya sabes que es posible ampliar la capacidad de los navegadores mediante complementos o extensiones que los dotan de utilidades y funciones complementarias. Estas extensiones se instalan por defecto con el navegador, pero otros se pueden instalar según tus necesidades. El problema está en que, en ocasiones, al igual que los programas o aplicaciones, ya no los utilizas, bien porque los descargaste solo para probarlos o porque has encontrado otra extensión que realiza mejor las funciones que te interesan.

La memoria donde se ejecutan las aplicaciones tiene un límite determinado; así que es mejor que aquellas desactives, inhabilites o, directamente, desinstales aquellas que no usas. Ten en cuenta que las extensiones se instalan solo en el navegador desde el que se descargan, así que deberás revisar cada uno de los navegadores que tengas instalados para comprobar qué extensiones pueden estar entorpeciendo su funcionamiento.

Por ejemplo, en el navegador de Google Chrome, para **revisar las extensiones instaladas,** puedes seguir estos pasos:

1. Pulsa en el botón con los **tres puntos verticales** situados en la parte superior derecha de la interfaz del navegador.

2. Pulsa en **Mas herramientas**.

3. Pulsa en **Extensiones**.

4. Localiza la extensión y pulsa en el botón **Quitar**.

5. Si lo que deseas es inhabilitarla, pero no desinstalarla, entonces tienes que desplazar la barra hacia la izquierda (color gris), hacia la derecha habilitarás el complemento (color azul).

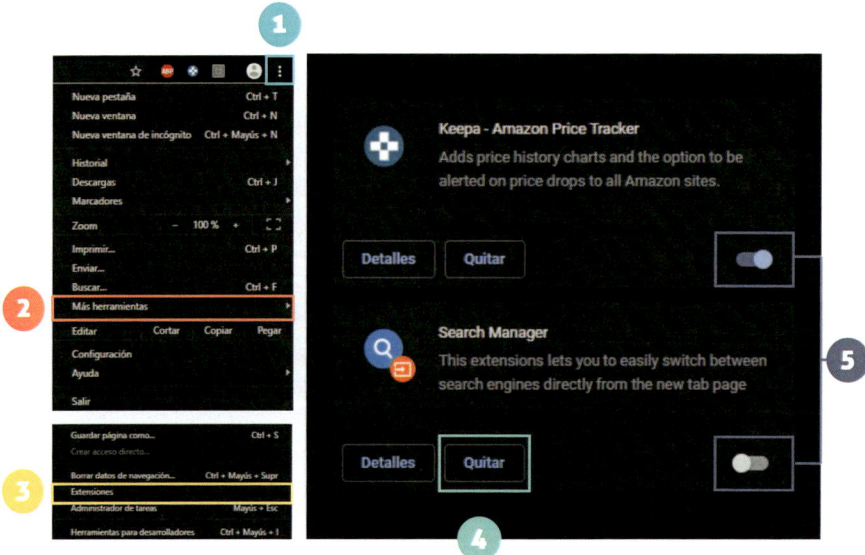

Igual que ocurría con las aplicaciones, no hace falta guardar una copia de seguridad de los archivos ejecutables de los complementos que has instalado en el ordenador, ya que siempre podrás volver a descargarlos e instalarlos; pero tener una copia de seguridad actualizada de tus datos te garantiza poder recuperarla en caso de necesitarlo. Para recuperar datos de una copia de seguridad, cuando utilizamos programas automáticos, no debemos hacerlo moviendo el fichero generado en la copia, sino desde **Restaurar la copia de seguridad**.

La copia de datos se puede hacer con la propia aplicación del sistema operativo o con cualquier otro programa externo. En cualquier caso, si necesitas recuperar los datos, no sirve simplemente copiar el fichero generado en la copia, sino que debes utilizar la opción de **Restaurar**, que permite volver a pasar los datos de la copia a la unidad de disco que le indiques.

En Windows, para **restaurar una copia de seguridad** debes acceder a la opción **Copias de seguridad** y seguir una serie de **pasos:**

1. Ve a **Inicio, Configuración**, y entra en **Actualización y seguridad**.

2. Pulsa en **Ir a copia de seguridad y restauración (Windows 7)**.

3. Pulsa en la opción **Selecciona otra copia de seguridad de la que restaurar archivos**.

4. A continuación, se te mostrará la ventana con las copias de seguridad realizadas, solo debes seleccionar la copia que desees restaurar.

5. Pulsa en **Siguiente**.

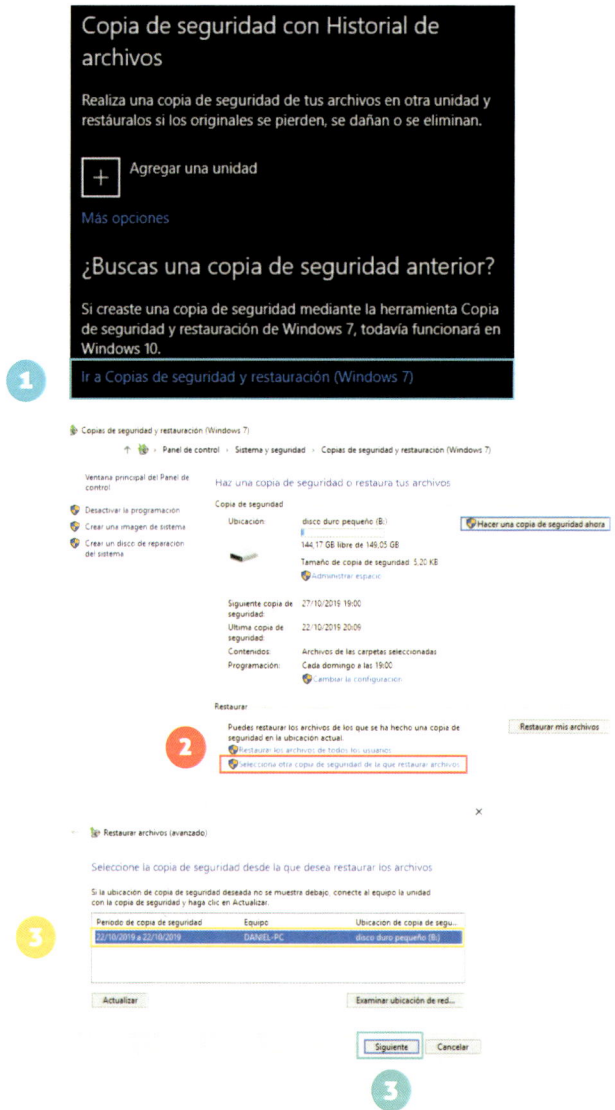

Una vez hayas llegado a seleccionar la copia de seguridad que deseas restaurar, deberás continuar con estos pasos:

1. En la siguiente ventana puedes localizar los archivos y carpetas que deseas restaurar o, si deseas recuperar todos los archivos y carpetas de la copia, pulsar en la casilla **Seleccionar todos los archivos de esta copia de seguridad**.

2. Pulsa en **Siguiente**.

3. Ahora tienes que indicar la ubicación de la restauración. Es decir, si los ficheros se van a restaurar en la ubicación original desde donde se copiaron o, por el contrario, si deseas recuperarlos en otra ubicación distinta de la original. En este caso fíjate en a imagen y comprobarás que se ha escogido la ubicación original.

4. Pulsa en **Restaurar**.

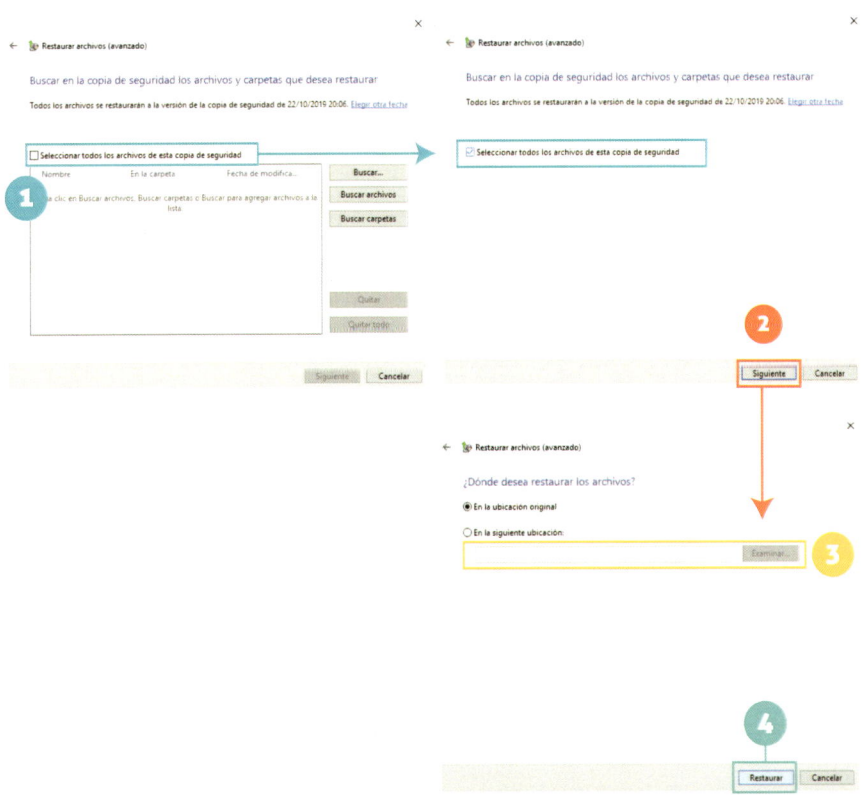

Lo siguiente que sucede es que se realiza el proceso de restauración. Una vez finalizado ya tendrás los archivos y carpetas recuperados en su ubicación original.

Aunque es una opción para ordenadores con procesadores lentos, no es muy aconsejable comprimir una unidad de disco duro porque disminuirá el rendimiento del ordenador. Además, en caso de error, la recuperación de la información en un disco comprimido puede ser muy difícil.

Además de las herramientas propias del sistema operativo, puedes delegar las tareas de mantenimiento para **liberar espacio en disco a programas de mantenimiento**.

Los **programas de mantenimiento** permiten hacer un mantenimiento preventivo, de manera que puedes conocer el estado de tus dispositivos y hacer pequeñas tareas cotidianas que ayuden a tenerlo en buen estado.

Estas aplicaciones realizan tareas, como la limpieza de la caché del navegador o de los archivos temporales después de un análisis de los archivos que contiene el dispositivo y te permiten, de forma rápida, liberar al equipo de la información basura y mejorar su rendimiento.

Algunas de las aplicaciones que te pueden ayudar a mantener el equipo en forma y realizar un mantenimiento efectivo son:

- **Ccleaner:** https://www.ccleaner.com/es-es

- **SlimCleaner:** https://slimware.com/slimcleaner

- **BleachBit:** https://www.bleachbit.org/

- **Cloud System Booster:** https://cloud-system-booster.en.uptodown.com/windows

- **Glary Utilities:** https://www.glarysoft.com/

- **AVG TuneUp:** https://www.avg.com/es-ww/avg-pctuneup

CONCLUSIONES

En esta unidad didáctica has aprendido que:

- Los equipos informáticos requieren de un mantenimiento que les permita mantener un rendimiento óptimo, para ello, existen diferentes tipos de mantenimiento: preventivo, correctivo, adaptativo y predictivo.

- Las tareas de mantenimiento eficaces se aplican tanto al hardware como al software y alargan la vida de los equipos y previenen un desgaste prematuro de los componentes.

- Existen diferentes tareas para llevar a cabo el mantenimiento, como la desfragmentación del disco, el análisis de las unidades, desinstalación de programas y complementos no usados, etc.

AUTOEVALUACIÓN

1. ¿Cuál es el tipo de mantenimiento que previene de posibles problemas que puedan surgir en el futuro?

a. Predictivo.
b. Preventivo.
c. Correctivo.
d. Adaptativo.

2. ¿Con que combinación de teclas de método abreviado puedes acceder al Administrador de tareas?

a. Mayús. + Alt + Supr.
b. Alt + Supr.
c. Ctrl + Supr.
d. Ctrl + Alt + Supr.

3. La desfragmentación reorganiza los datos del disco duro para que toda la información relacionada con una aplicación o archivo queden almacenados de forma contigua.

a. Verdadero.
b. Falso.

4. En el sistema operativo Android, ¿es lo mismo desinstalar una aplicación que inhabilitarla?

a. No, en el sistema Android se pueden desinstalar aplicaciones, pero nunca inhabilitarlas.
b. No, inhabilitar es eliminarlas del dispositivo, mientras que desinstalar es que no está funcional.
c. Sí, es lo mismo, desinstalar e inhabilitar significa que esa aplicación se elimina definitivamente del dispositivo.
d. No, desinstalarla es que la eliminas del dispositivo, mientras que inhabilitarla es que no es funcional, pero sigue instalada en el dispositivo.

5. Si deseas comprobar que una unidad de almacenamientos no tiene partes dañadas, utilizas:

a. Comprobación de errores.
b. Desfragmentador.
c. Análisis de superficie.
d. Administrador de tareas.

6. El desfragmentador permite que las memorias SSD sean más eficientes.

a. Verdadero.
b. Falso.

7. Para restaurar una copia de seguridad solo hay que acceder al lugar donde esté almacenada la copia, copiar los archivos y volver a pegarlos en la ubicación original.

a. Verdadero.
b. Falso.

SOLUCIONES

1. b. El mantenimiento preventivo es el que permite prevenir posibles fallos o problemas que puedan surgir.

2. d. Pulsando al mismo tiempo las teclas **Ctrl**, **Alt** y **Supr** accederás a un menú del sistema que te permitirá abrir el Administrador de tareas de forma rápida.

3. a. Verdadero. La desfragmentación te permite acelerar la recuperación de información en discos duros HDD al recolocar la información que tiene almacenada para agrupar los bloques de datos que se han almacenado en lugares diferentes del disco.

4. d. Cuando en Android desinstalas una aplicación, la borras por completo del sistema; si la inhabilitas, sigue estando en el sistema, pero no funciona, por lo que no consume recursos en el dispositivo.

5. a. La herramienta del sistema operativo que permite detectar partes dañadas en una unidad de almacenamiento es **Comprobación de errores**.

6. b. Las memorias SSD no necesitan ser desfragmentadas, ya que no utilizan medios mecánicos para almacenar la información.

7. b. Falso. Las copias de seguridad se deben restaurar a través del programa de **Recuperación** para que realice una restauración de los archivos perdidos.

PREGUNTAS FRECUENTES

1. ¿Todos los dispositivos traen sistema operativo?

Sí, todos. El sistema operativo es un software necesario para que funcione y para que las aplicaciones y las personas usuarias puedan interactuar con el hardware.

2. Quiero enviar un correo electrónico con destinatarios en CC y CCO, pero no veo esas opciones, ¿puedo hacerlo?

Sí, muchos servicios tienen esas opciones ocultas. Revisa si en la línea de destinatarios hay alguna marca que indique la presencia de un menú desplegable, por ejemplo, ⌄.

3. ¿Cuánto tiempo permanecen los mensajes en la papelera de Gmail?

Los mensajes permanecen en la papelera durante 30 días. Transcurrido este tiempo, Gmail los suprime definitivamente.

4. ¿En todos los ordenadores disponemos de los mismos tipos de fuente?

No. Existen algunas que sí están disponibles en todos los sistemas, pero cada ordenador puede tener fuentes que en otro no estén instaladas. Esto ocurre porque muchos programas tienen paquetes de fuentes propias que agregarán al sistema durante el proceso de instalación, también la persona usuaria puede instalar fuentes que haya descargado o creado.

5. ¿Word y PowerPoint son iguales en un equipo de escritorio que en un dispositivo móvil?

No. Las aplicaciones de Office están adaptadas a cada plataforma y a cada dispositivo. Por otro lado, las aplicaciones de Office disponibles para usuarios de equipos Mac y las versiones pueden ser distintos entre los usuarios de equipos PC.

6. ¿Puedo cambiar el tipo de licencia Creative Commons de una obra?

No. Es importante leer los términos y condiciones de las licencias Creative Commons y pensar muy bien en las repercusiones que podrá tener, ya que al establecerla se vuelve irrevocable. Una solución es cesar en la divulgación, si la tienes en algún repositorio, pero si la habías licenciado como libre uso y otra persona la había descargado previamente, esta persona puede seguir utilizándola.

7. ¿Cada cuánto tiempo se deben hacer las copias de seguridad?

Siempre va a depender del volumen de información que tengas, pero, como mínimo, es recomendable hacerla al menos una vez a la semana. Si el volumen de información es grande, entonces será mejor hacerla a diario.

8. ¿Se pueden tener varios sistemas antivirus en el mismo dispositivo?

No es aconsejable, ya que se cargaría al procesador con doble trabajo. Lo mejor es instalar una versión completa de un sistema antivirus que te ofrezca confianza y seguridad.

9. ¿Puedo configurar el navegador para que todos los complementos de Firefox se deshabiliten de una sola vez?

Sí, se puede. Abre el navegador, pulsa sobre el botón de menú. Después pulsa sobre el icono de la interrogación que se muestra en la parte inferior del menú, junto a la opción Salir de Firefox y que permite acceder a la ayuda del navegador. Esto mostrará un nuevo conjunto de opciones entre las que encontrarás Reiniciar con los complementos desactivados.

GLOSARIO

- **Administrador de tareas:** es un programa que viene incluido en el sistema operativo Windows y que se utiliza para proporcionar información sobre los procesos y programas que se están ejecutando en un ordenador.

- **Antivirus:** programa que revisa los archivos y los procesos que se ponen en marcha en un dispositivo para comprobar si contiene algún tipo de vulnerabilidad, como virus o troyanos.

- **App o aplicación:** los programas destinados a ejecutarse, dentro de un dispositivo móvil (tablet o teléfono).

- **Archivo:** unidad de información que se guarda en un dispositivo de almacenamiento, tienen diferentes usos. Según el formato, pueden contener texto, imágenes, audio, etc.

- **Bluetooth:** red inalámbrica de corto alcance que permite conectar un dispositivo a otros sin necesidad de cables; es la forma preferida de dispositivos móviles para accesorios como auriculares o altavoces.

- **Buscador web:** desarrollo software que permite encontrar información en la Web a partir de unos criterios de búsqueda.

- **Caché:** tipo de memoria de acceso rápido que almacena temporalmente datos y permite mejorar el rendimiento del sistema.

- **Caja de texto:** elemento que permite insertar texto dentro de una diapositiva en una presentación.

- **Carpeta:** contenedor de archivos agrupados por una característica común.

- **Certificado SSL:** agrupación de normas de actuación mediante la que se encripta la información de una página web.

- **Ciberseguridad:** área que se encarga de la seguridad informática estableciendo protocolos de protección para redes, equipos y otros componentes de los sistemas informáticos.

- **Cliente de correo:** aplicación que se instala en el ordenador para gestionar el correo electrónico.

- **Complementos:** también llamados «extensiones» o «plugin», son pequeños programas que se instalan en los navegadores para aumentar sus funcionalidades básicas o incorporar mejoras.

- **Contraseña:** serie secreta de caracteres que permite a las personas usuarias tener acceso a un archivo, a un ordenador, a un programa o a cualquier servicio personal de Internet.

- **Cookies:** pequeño archivo con información de las preferencias de navegación que los servidores de los sitios web dejan en un equipo. De esta forma adaptan su información para la próxima ocasión que los visites.

- **Copyleft:** el autor de una obra libera los derechos de uso y distribución de su trabajo para que otros puedan, a su vez, reutilizarlo.

- **Copyright:** derecho por el que un autor es dueño exclusivo de los derechos de distribución, reproducción, adaptación, etc., de la obra que ha creado.

- **Correo electrónico:** servicio que permite el intercambio de mensajes a través de sistemas de comunicación electrónicos.

- **Correo web:** es un servicio online que permite crear cuentas de correo electrónico que pueden ser gestionadas a través de la web.

- **Desfragmentar:** proceso mediante el que el sistema operativo coloca todas las partes de este de forma contigua en el dispositivo de almacenamiento.

- **Estándar web:** conjunto de normas que indican cómo deben funcionar las tecnologías que se usan en el desarrollo de la World Wide Web y que facilitan la visualización normalizada de páginas web en cualquier navegador.

- **Extensión:** componente software que puedes instalar en el navegador para aumentar sus funcionalidades.

- **Firewall:** aplicaciones que permiten bloquear la entrada o petición de información no autorizada al ordenador o dispositivo móvil. También restringe las salidas de información no autorizadas.

- **Firmware:** tipo de software que suele encargarse de las tareas críticas del funcionamiento del hardware, como el inicio, la configuración y el control de dispositivos.

- **Fuente:** conjunto completo de tipos o caracteres de un determinado tamaño y un diseño específico.

- **Hardware:** conjunto de componentes físicos o piezas que ensambladas entre sí realizan funciones específicas.

- **Hipervínculo:** enlace en páginas web y otros recursos informáticos que permite redirigir a la persona usuaria de un recurso a otro, tanto dentro del mismo dominio como a recursos externos.

- **Historial:** almacén de los sitios web que se han visitado con anterioridad.

- **Huella digital:** conjunto de interacciones visibles e invisibles que se realizan con cualquier dispositivo a través de la Red.

- **Icono:** representación de una aplicación u otro elemento de trabajo mediante una pequeña imagen.

- **Identidad digital:** imagen que proyecta una persona usuaria hacia terceras personas por su comportamiento y participación en Internet.

- **Inteligencia artificial:** disciplina de la ingeniería informática que investiga métodos para que las máquinas realicen actividades equiparables a los procesos de aprendizaje humano.

- **Interfaz de usuario:** capa con la que interacciona la persona usuaria de un dispositivo.

- **Internet:** infraestructura en red virtual que utiliza protocolos de comunicación para enviar mensajes entre diferentes dispositivos interconectados.

- **Kernel:** software esencial que forma parte del núcleo del sistema operativo y lo permite funcionar.

- **Lenguaje de programación:** entorno que facilita el desarrollo de aplicaciones informáticas mediante un lenguaje próximo al humano con estructuras predefinidas que facilitan la realización de operaciones.

- **Lenguaje HTML:** lenguaje de marcado estandarizado para la creación de páginas web.

- **Malware:** software malicioso con distintos propósitos, pero con el mismo fin, causar daño.

- **Marcador:** atajo que permite acceder a tus sitios web favoritos sin tener que buscarlos nuevamente.

- **Memoria RAM:** componente hardware de un dispositivo con un tamaño finito que gestiona la memoria activa de un dispositivo, lo que supone que, cuando se aproxima al límite de su capacidad, el rendimiento del equipo decae.

- **Memoria ROM:** son memorias que solo permiten la lectura del contenido que almacenan, los contenidos guardados en este tipo de memorias no se pueden modificar.

- **Metadatos:** datos que describen las características significativas de un archivo, por ejemplo, su creación, origen, fechas de modificación, autoría, etc.

- **Navegación anónima:** forma de navegación que permite acceder a sitios web sin que se pueda identificar a la persona o dispositivo que está accediendo al espacio.

- **Navegador web:** desarrollo software que permite acceder a una dirección web conocida.

- **Núcleo:** parte principal del sistema operativo, es el que se comunica directamente con el hardware del ordenador o del dispositivo.

- **Open source:** licencia de código abierto que permite a las personas utilizar y modificar el código fuente de un software.

- **Operador de búsqueda:** funcionalidad que permite precisar en las operaciones de búsqueda que realizas con el navegador.

- **Palabra clave:** palabras que tienen un significado relevante dentro de un conjunto, por ejemplo, en la frase «la tendencia es usar lenguaje natural en los buscadores», las palabras clave serían: tendencia, usar, «lenguaje natural» y buscadores.

- **Página web:** documento que puede contener información textual, imágenes, vídeos, enlaces y otros recursos, construidos con lenguaje HTML y, por tanto, específica para ser mostrados ser mostrada en la Web.

- **Papelera de reciclaje:** espacio de almacenamiento ubicado en un dispositivo de almacenamiento del dispositivo en el que se alojan, de forma temporal, los archivos que eliminamos.

- **Pestaña:** nuevo espacio de navegación que abres dentro de la sesión de navegación.

- **Plugin:** también llamados «extensiones» o «complementos», son pequeños programas que se instalan en los navegadores para aumentar sus funcionalidades básicas o incorporar mejoras.

- **Pregunta de seguridad:** es una pregunta que se configura al crear una cuenta para recuperar la contraseña.

- **Procesador de texto:** es un software informático se utiliza para crear y editar documentos.

- **Programa de presentaciones:** es un software utilizado para mostrar información esquematizada en una o más diapositivas.

- **Propiedad intelectual:** conjunto de derechos que protegen a las autoras y autores frente al uso inadecuado de sus creaciones originales.

- **Protocolo:** conjunto de reglas y normas estandarizadas que regulan la comunicación entre equipos que utilizan la misma red.

- **Protocolo HTTPS:** versión segura del protocolo HTTP que garantiza el intercambio de información entre un equipo y el servidor donde se aloja la página web. Este protocolo seguro encripta la información para que, aunque fuese interceptada por terceras personas, no sea legible.

- **Protocolo IMAP:** protocolo que permite el acceso a correos electrónicos en un servidor sin tener que descargarlos para poder leerlos.

- **Protocolo POP:** es el utilizado por programas de correo electrónico para recibir mensajes desde un servidor remoto. El uso de este protocolo implica que los mensajes deben descargarse al disco duro antes de leerlos.

- **Protocolo SMTP:** permite el envío de mensajes de correo electrónico entre servidores de correo.

- **Rastreador web:** programa informático que recopila información de las páginas que se encuentran en la Web para construir un índice que utilizan los buscadores web.

- **Red social:** son plataformas disponibles en la Web que permiten contactar con un gran número de personas usuarias de estos servicios.

- **Reputación digital:** opinión o consideración que las personas tienen hacia una otra y que está definida por las interacciones y el uso que esta realiza de los diferentes medios de comunicación permitidos en Internet.

- **RSS:** conjunto de tecnologías que permiten suscribirse a sitios web.

- **Sistema de archivos:** forma en que el sistema operativo organiza y gestiona los archivos que creamos en nuestro dispositivo, en las unidades de almacenamiento que gestiona.

- **Sistema operativo:** tipo de software que actúa de intermediario entre las personas usuarias y aplicaciones que utilizan el hardware. Todos los dispositivos tienen instalado uno.

- **Software de aplicación:** aplicaciones que resuelven o facilitan la resolución de un problema para las personas usuarias.

- **Software de base:** conjunto de pequeñas aplicaciones que componen el sistema operativo.

- **Software:** conjunto de instrucciones y reglas agrupadas habitualmente en unidades funcionales denominadas «programas».

- **URL:** es la dirección única de los sitios web en Internet.

- **Videoconferencia:** comunicación que se establece a través de una red de telecomunicaciones y que implica la transmisión de sonido e imagen.

- **Webmail:** son los gestores de correo electrónico que permiten consultar la bandeja a través de navegadores web.

- **Wifi:** conexión de tipo inalámbrico que permite a diferentes dispositivos conectarse a la Red.

- **World Wide Web:** red informática mundial, es la denominación global del conjunto de documentos distribuidos, interconectados y accesibles a través de Internet.

EXAMEN

1. Señala si el sistema operativo es libre o propietario.

	Sistema operativo libre	Sistema operativo propietario
Android		
Linux		
Windows		
Ubuntu		
MacOS		
Debian		
Fedora		
iOS		

2. Ordena las fases del proceso de inicio de un ordenador:

1. Ejecución de los controladores y otros elementos necesarios para que el dispositivo funcione correctamente.
2. El administrador de arranque comprueba si hay, al menos, un sistema operativo instalado.
3. La BIOS comprueba el registro de arranque.
4. Carga de la interfaz gráfica del sistema operativo para el inicio de sesión.
5. Carga de los controladores básicos para activar el kernel del sistema operativo.

3. Identifica y nombra cada una de las partes que aparecen en esta URL:

https://www.grupofemxa.es/

4. Relaciona los elementos de la primera columna con el método de envío que consideres más adecuado.

Vídeo promocional de la apertura de una tienda de productos ecológicos	Carpeta compartida en la nube
Solicitud de presupuesto para una empresa de diseño gráfico	ydray
Montaje final de una película para la productora de cine	Correo electrónico
Fotografía de la receta de un roscón que te ha pedido tu amigo Esteban	WhatsApp
Fotografías de las últimas vacaciones en la playa con tu prima Ana	Redes sociales

5. ¿Cuáles son las características que han convertido al correo electrónico en uno de los principales métodos de comunicación?

a. Flexibilidad, comodidad, formalidad, rapidez y sincronía.
b. Flexibilidad, comodidad, estrategia, economía y flexibilidad.
c. Rapidez, comodidad, economía, flexibilidad y la capacidad de adjuntar ficheros.
d. Rapidez, comodidad, sincronía, flexibilidad y la capacidad de adjuntar ficheros.

6. En los correos electrónicos no se recomienda utilizar formatos enriquecidos, como el uso de negritas, por las normas de Netiqueta; además, solo se deberían adjuntar archivos en entornos profesionales para compartir documentos relevantes.

a. Verdadero.
b. Falso.

7. Describe el tipo de licencia de Creative Commons según los iconos:

8. Existen muchos tipos de malware que pueden poner en peligro la confidencialidad, integridad y disponibilidad de un equipo informático. Algunos son:

a. Ransomware, keylogger, phishing, virus, gusano, troyano.
b. Ransomware, spyware, firmware, phishing, virus, keylogger.
c. Virus, firewall, troyano, freeware, phishing, gusanos.
d. Gusanos, virus, ransomware, troyano, freeware, phishing.

9. Los archivos que un antivirus marca en cuarentena ya no pueden recuperarse porque se eliminan de forma permanente.

a. Verdadero.
b. Falso.

10. ¿Qué tipo de mantenimiento revisa el software para evitar posibles problemas de seguridad y operatividad que todavía no se han producido?

a. Mantenimiento predictivo.
b. Mantenimiento correctivo.
c. Mantenimiento adaptativo.
d. Mantenimiento preventivo.

Regístrate en la página web de Ideaspropias Editorial
y descárgate las soluciones de este examen.

IP三

www.ideaspropiaseditorial.com

Bibliografía

BERRAL MONTERO, I. (2019). *Montaje y mantenimiento de sistemas y componentes informáticos*. Paraninfo.

CABALLERO VELASCO, M. A., CILLEROS SERRANO, D. (2019). *Ciberseguridad y transformación digital: cloud, identidad digital, blockchain, agile, inteligencia artificial…* Anaya Multimedia.

CHAOS GARCÍA, D. (2017). *Introducción a la informática básica*. UNED.

COMISIÓN NACIONAL DE LOS MERCADOS Y LAS COMPETENCIAS. Evolución del número de clientes de telefonía móvil en España. En *Informe anual 2021*. Ontsi. [En línea]. https://bit.ly/47UJtmR [Consultado el 19 de febrero de 2024].

DELGADO, H. (22 de agosto de 2022). *Estándares Web W3C: qué son, cómo funcionan, para qué sirven*. Diseño web Akus. https://disenowebakus.net/estandares-web.php

FERNÁNDEZ FERNÁNDEZ, J. A. (2019). *Internet segur@: la guía definitiva para disfrutar sin riesgos de la red*. Anaya Multimedia.

FERNÁNDEZ, Y. (26 de enero de 2019). *FAT32, NTFS o exFAT: qué sistema de archivos elegir al formatear tu disco duro o USB*. Xataca Android. https://bit.ly/SistemaArchivosUSB

GOOGLE. *Adjuntar archivos a los eventos*. Ayuda de Google Calendar. [En línea] https://support.google.com/calendar/answer/6192039 [Consultado el 19 de febrero de 2024].

—. *Enviar mensajes de chat a los participantes de una videollamada*. Ayuda de Google Meet. [En línea] https://support.google.com/meet/answer/9308979 [Consultado el 19 de febrero de 2024].

—. *Enviar y compartir archivos en mensajes de Google Chat*. Ayuda de Google Chat. [En línea] https://support.google.com/chat/answer/7651457 [Consultado el 19 de febrero de 2024].

—. *Guía de inicio rápido sobre Google Meet en Gmail*. Centro de aprendizaje de Google Workspace. [En línea] https://support.google.com/a/users/answer/9829914 [Consultado el 19 de febrero de 2024].

—. *¿Qué es una nube híbrida?* Google Cloud. [En línea] https://cloud.google.com/learn/what-is-hybrid-cloud [Consultado el 19 de febrero de 2024].

—. *Seguridad y privacidad de Google Meet para los usuarios.* Ayuda de Google Meet. [En línea] https://support.google.com/meet/answer/9852160 [Consultado el 19 de febrero de 2024].

GRIS, M. (2018). *Iniciación a Internet.* Editorial ENI, 2018.

—. (2019). *PowerPoint (versiones 2019 y Office 365): funciones básicas.* Editorial ENI.

IONOS. (2 de febrero de 2022). *Alternativas a Outlook gratuitas y de pago para todos los gustos: comparativa.* Digital Guide Ionos. [En línea]. https://bit.ly/4S1CHpP [Consultado el 19 de febrero de 2024].

—. (22 de agosto de 2023). *¿Cuáles son los mejores proveedores de correo electrónico gratis?* Digital Guide Ionos. [En línea]. https://bit.ly/3Onqt2v [Consultado el 19 de febrero de 2024].

LADRÓN DE GUEVARA, M. A., LADRÓN JIMÉNEZ, M. A. (2022). *Aplicaciones informáticas de tratamiento de textos. UF0320.* Editorial Tutor Formación.

LLENA, S. (2023). *Aprender informática básica con 100 ejercicios prácticos.* Editorial Marcombo.

MARTOS RUBIO, A. (2019). *Introducción a la informática (Ed. 2020. Informática para mayores).* Anaya.

—. (2018). *Cómo buscar en Internet.* Anaya.

MATE GUTIERREZ, M. F., MANJAVACAS ZARCO, C., OLIVA HABA, J. R. (2019). *Montaje y mantenimiento de equipos.* Paraninfo.

MICROSOFT. Comparar planes y precios de almacenamiento en la nube. Microsoft 365. [En línea]. https://www.microsoft.com/es/microsoft-365/onedrive/compare-onedrive-plans [Consultado el 19 de febrero de 2024].

—. *Configuración POP, IMAP y SMTP para Outlook.com.* Soporte técnico Outlook. [En línea] https://bit.ly/3UmE6d0 [Consultado el 19 de febrero de 2024].

PÉREZ VILLA, J. D. (2022). *Introducción a la informática: guía visual.* Editorial Anaya.

RAMÍREZ, I. (18 de julio de 2023). *Historia y evolución de Android: cómo un sistema operativo para cámaras digitales acabó conquistando los móviles.* Xataca Android. [En línea] https://bit.ly/HistoriadeAndroid [Consultado el 19 de febrero de 2024].

VALERO, C. (16 de marzo de 2023). *SSD: todo lo que tienes que saber del sustituto del disco duro.* Adsl zone. https://www.adslzone.net/reportajes/tecnologia/que-es-ssd-caracteristicas

VELOSO, C. (2016). *Informática básica para adultos.* Editorial Marcombo.

• **Enlaces de interés**

Consorcio World Wide Web (W3C), para conocer los estándares Webs y los grupos de trabajo de la organización.
https://chapters.w3.org/hispano/estandares-y-grupos/

Fundación Mozilla. Soporte para Firefox y Thunderbird.
https://support.mozilla.org/es/

Google. Soporte para sus servicios y aplicaciones (Gmail, Búsquedas, Google Drive, Google Meet, etc.)
https://support.google.com

INCIBE, recursos para configurar la seguridad de tus equipos y comunicaciones en Internet.
https://www.incibe.es/ciudadania/herramientas

Licencias Creative Commons, cómo compartir tu trabajo.
https://creativecommons.org/share-your-work/

Microsoft 365. Soporte técnico y guías de uso para: Microsoft Word, Microsoft PowerPoint, Outlook y OneDrive, entre otros.
https://support.microsoft.com/es-es/training

• **Vídeos**

Carlos Cortés Academy. (5 de septiembre de 2012). *¿Cómo funcionan los nombres de dominio?* YouTube. https://youtu.be/w71vEuRimAE
Google Workspace. (17 de diciembre de 2014). *Inside a Google data center.* YouTube. https://youtu.be/XZmGGAbHqa0
Google. (13 de agosto de 2020). *How Google Search continues to improve results.* YouTube. https://youtu.be/DcKEPl-MpLA
—. (17 de febrero de 2022). How BERT helps Google Search understand language | Search. [Archivo de vídeo]. https://youtu.be/2lR8Fzays4I
Oficina de Seguridad del Internauta. (13 de enero de 2021). *Cómo proteger mi cuenta frente a intrusos: activa la verificación en dos pasos.* YouTube. https://youtu.be/oF-KEogQEsI
—. (19 de junio de 2023). *Cómo hacer una copia de seguridad y restaurar en Windows, MacOS, Android e iOS.* YouTube. https://youtu.be/VxrUaPFiiHc

—. (30 de marzo de 2020). *Identidad digital. ¿Quiénes somos en la red?* YouTube. https://youtu.be/rNmXiYY9iHA

—. (4 de diciembre de 2015). *Cómo generar contraseñas seguras.* YouTube. https://youtu.be/lOnnL4xr3k0

—. (8 de abril de 2020). *Protege tu red en 5 sencillos pasos.* YouTube. https://youtu.be/POeuXk1UXHo

Créditos fotográficos

Los iconos e imágenes que ilustran este manual han sido diseñados por freepik.com y flaticon.com.